Ce livre appartient à

....

CONSEILS PRATIQUES

Nous avons apporté le plus grand soin à la confection de ce livre afin de vous procurer la meilleure expérience de coloriage possible.

Les dessins à colorier sont variés, et de qualité.

Chaque dessin figure sur une page pleine au dos de laquelle est placée une page grise pour éviter de tacher le dessin suivant.

Toutefois, nous vous conseillons d'éviter d'utiliser les marqueurs à l'alcool qui nécessitent un papier spécial. Si vous utilisez des feutres ou des marqueurs fins, pensez à intercaler une page blanche supplémentaire derrière le dessin. Enfin évitez scrupuleusement l'aquarelle qui ferait gondoler les pages en raison de l'eau qu'elle contient.

Nous vous souhaitons de très agréables et relaxants moments de coloriage. Laissez de belles étoiles sur la page commentaires de ce produit afin de nous encourager et de nous rendre plus visibles ! Nous lirons votre avis, et en tiendrons compte.

Magali et Florent

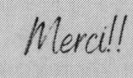

©Magali et Florent éditions
2023 copyright Tous droits réservés
code ISBN 9798870890487
Coloriage monde magique Livre coloriage adulte

Testez vos couleurs

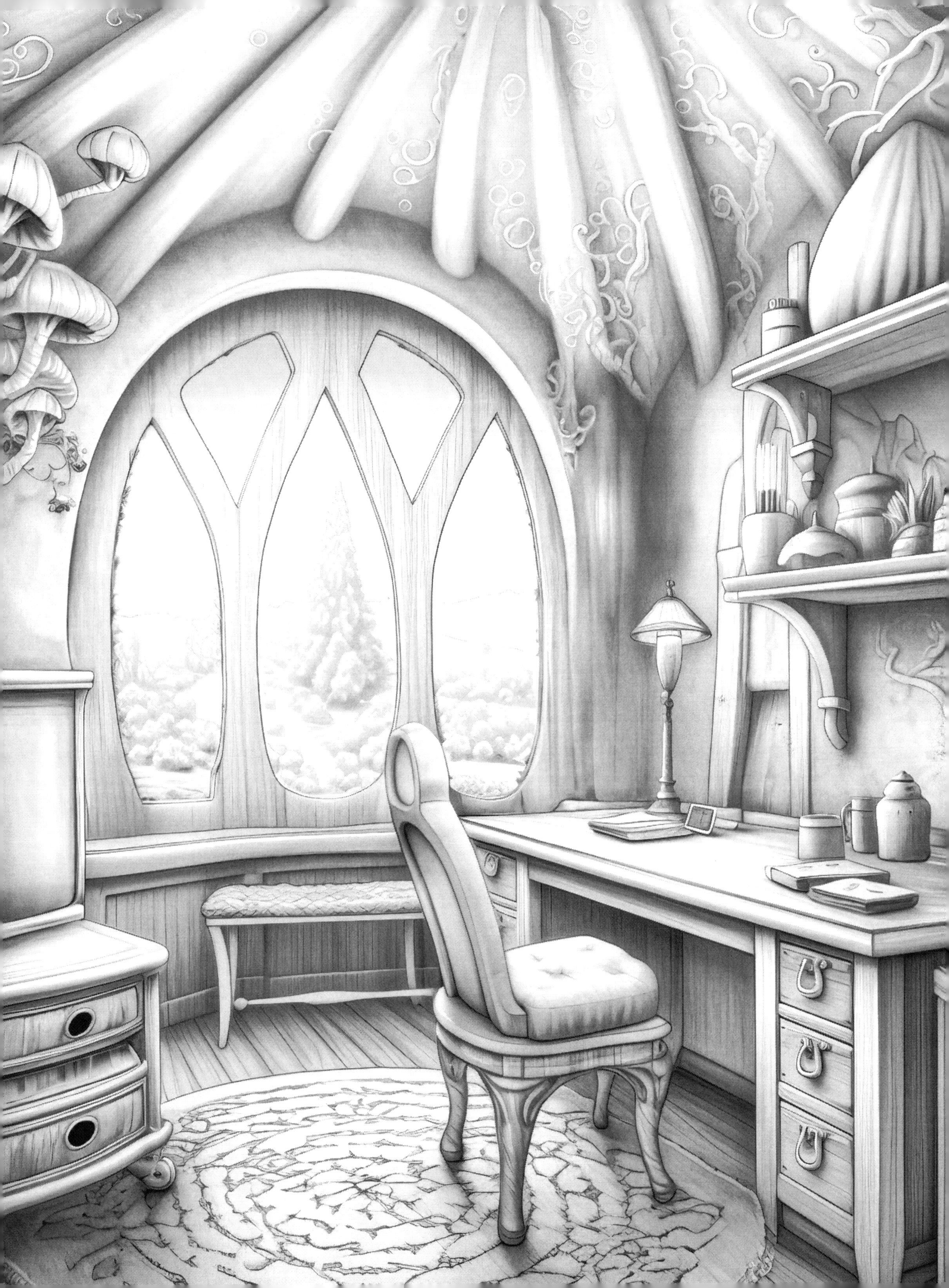

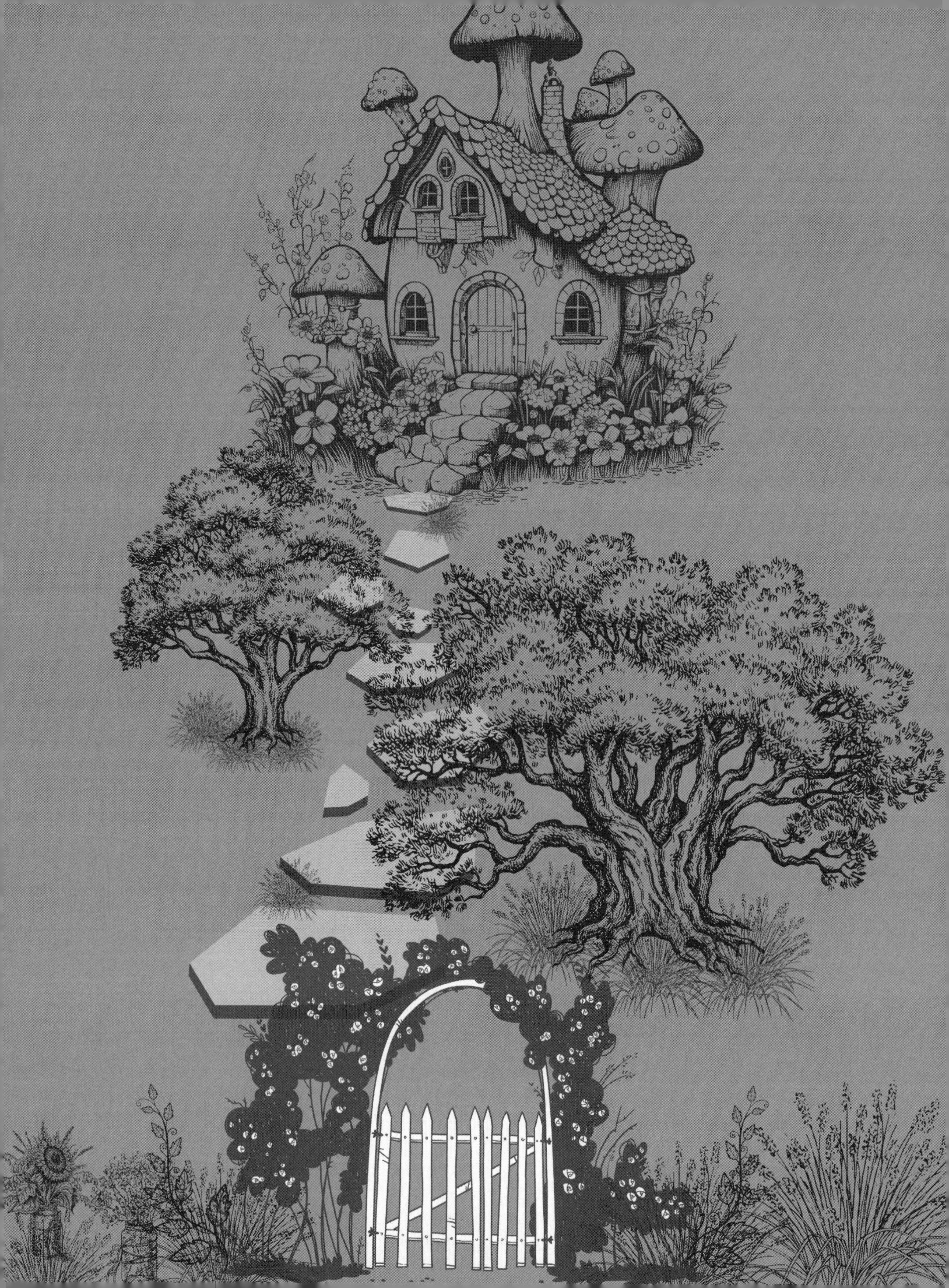

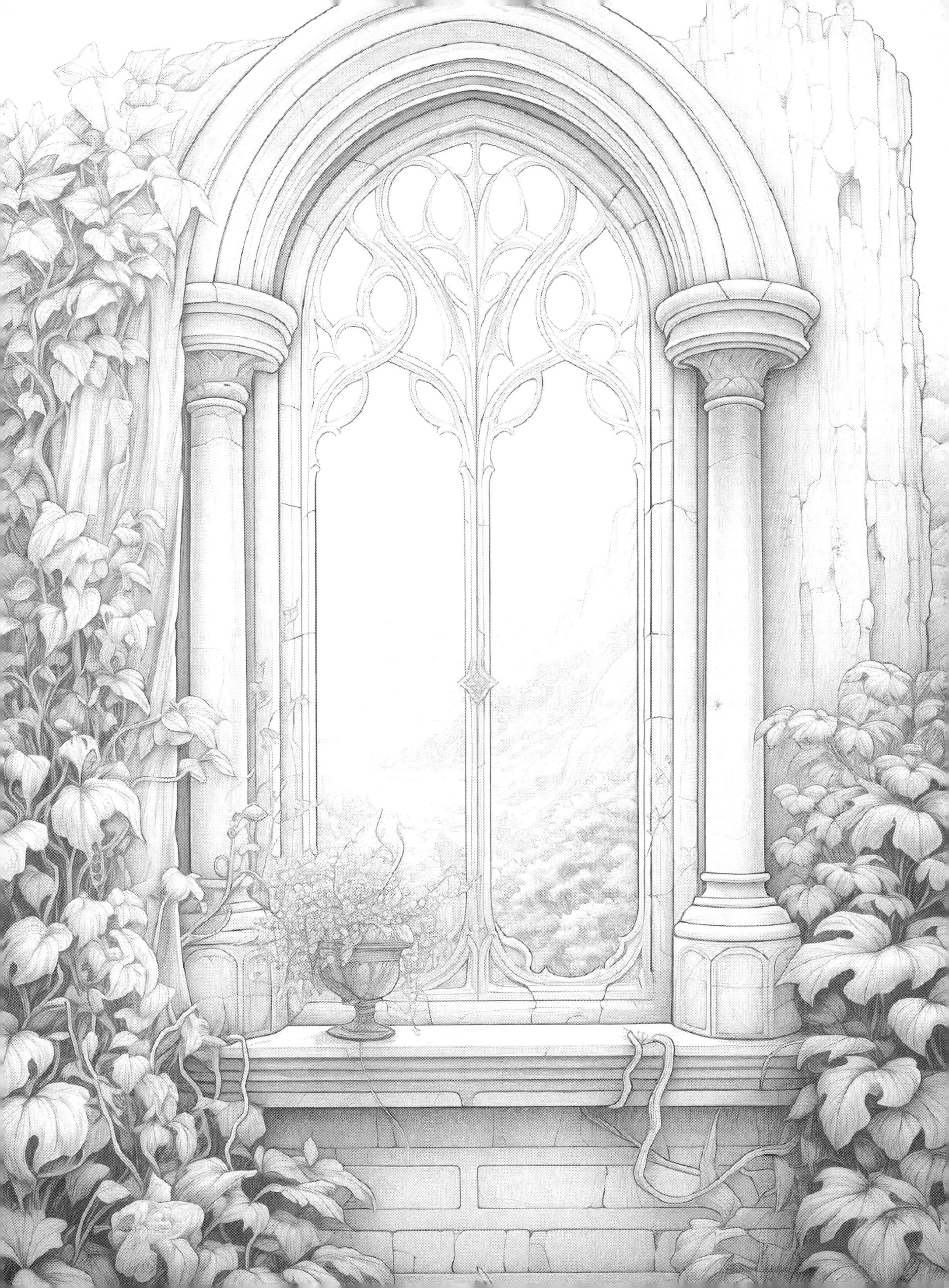

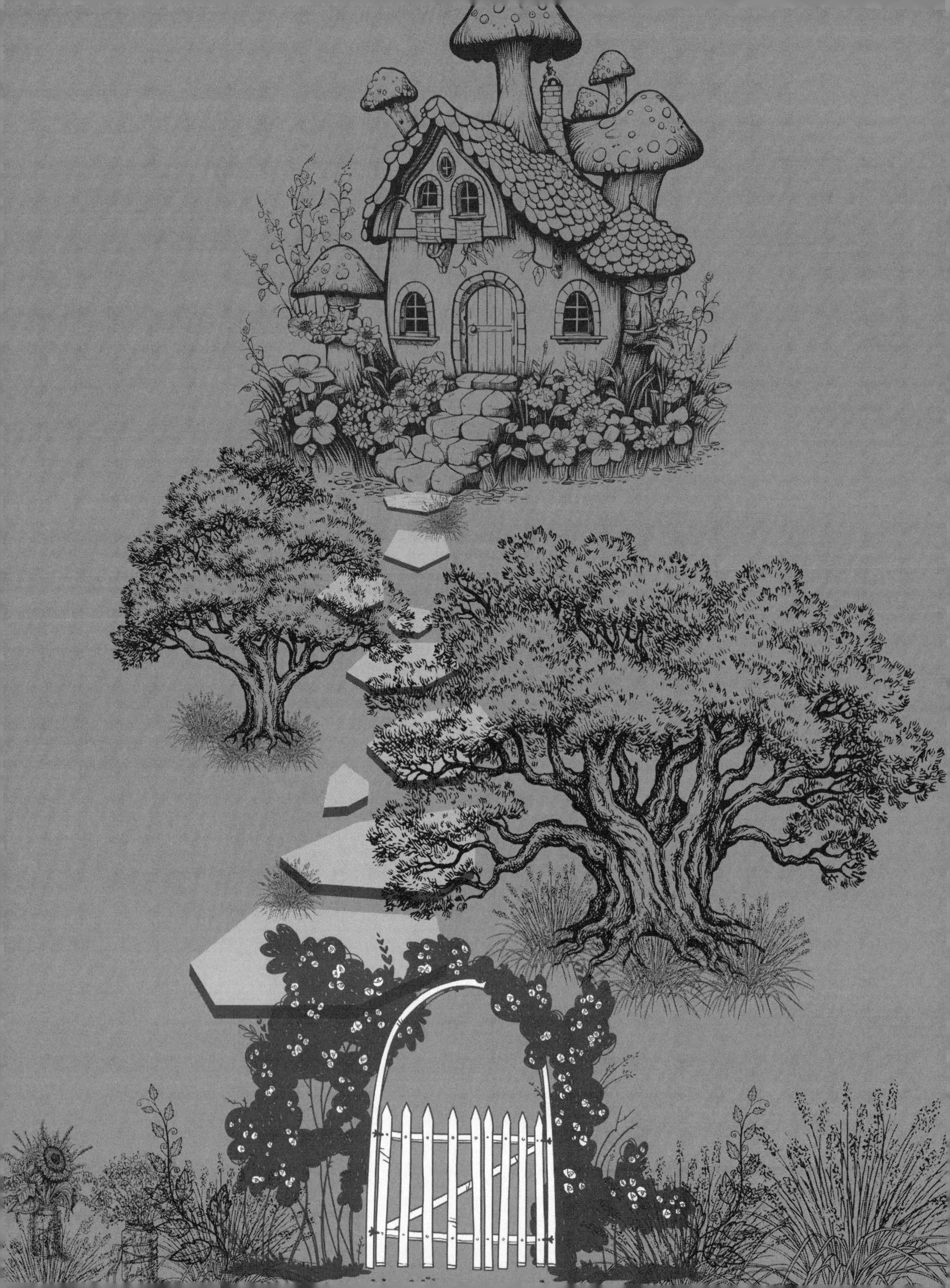

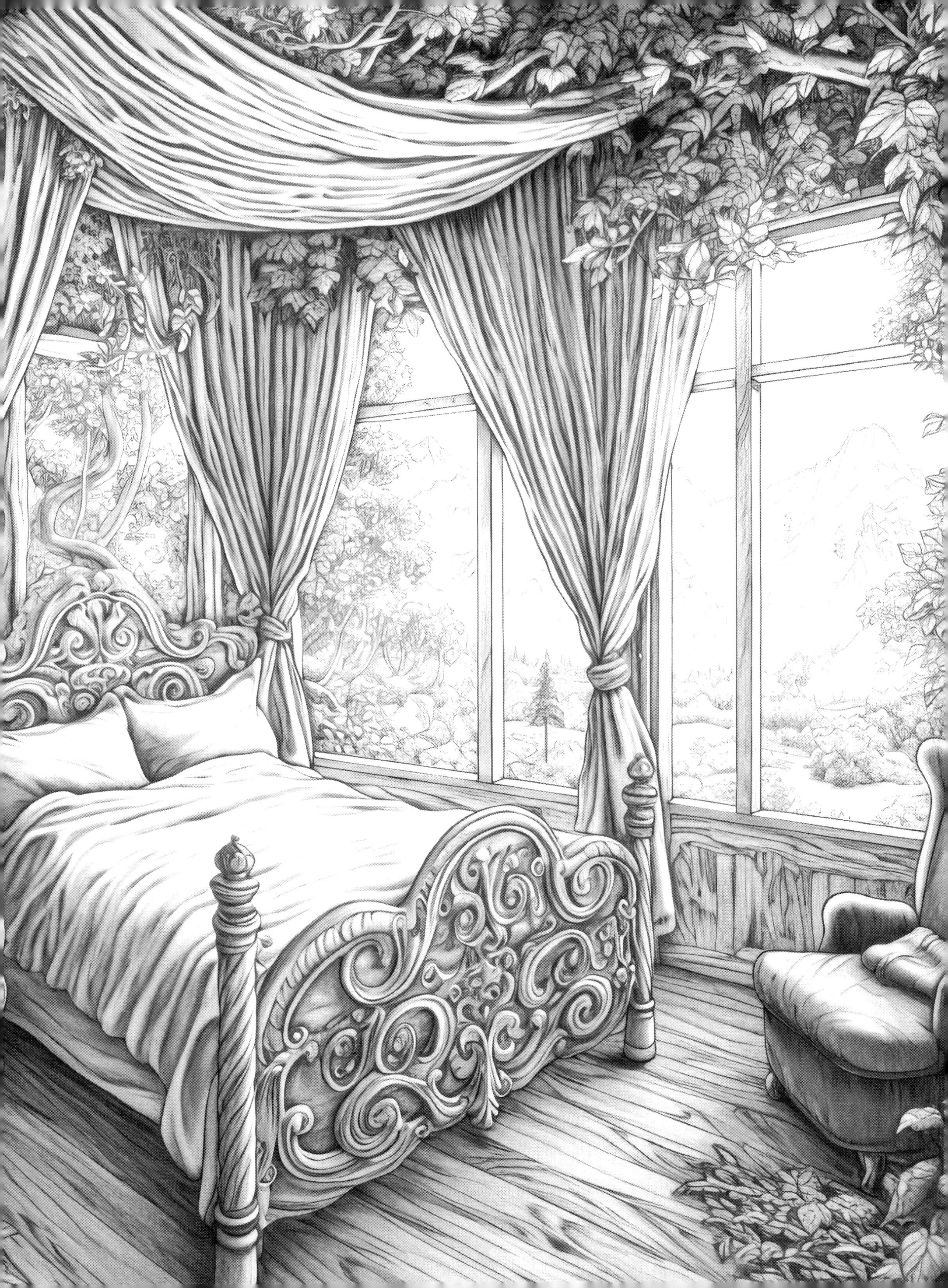

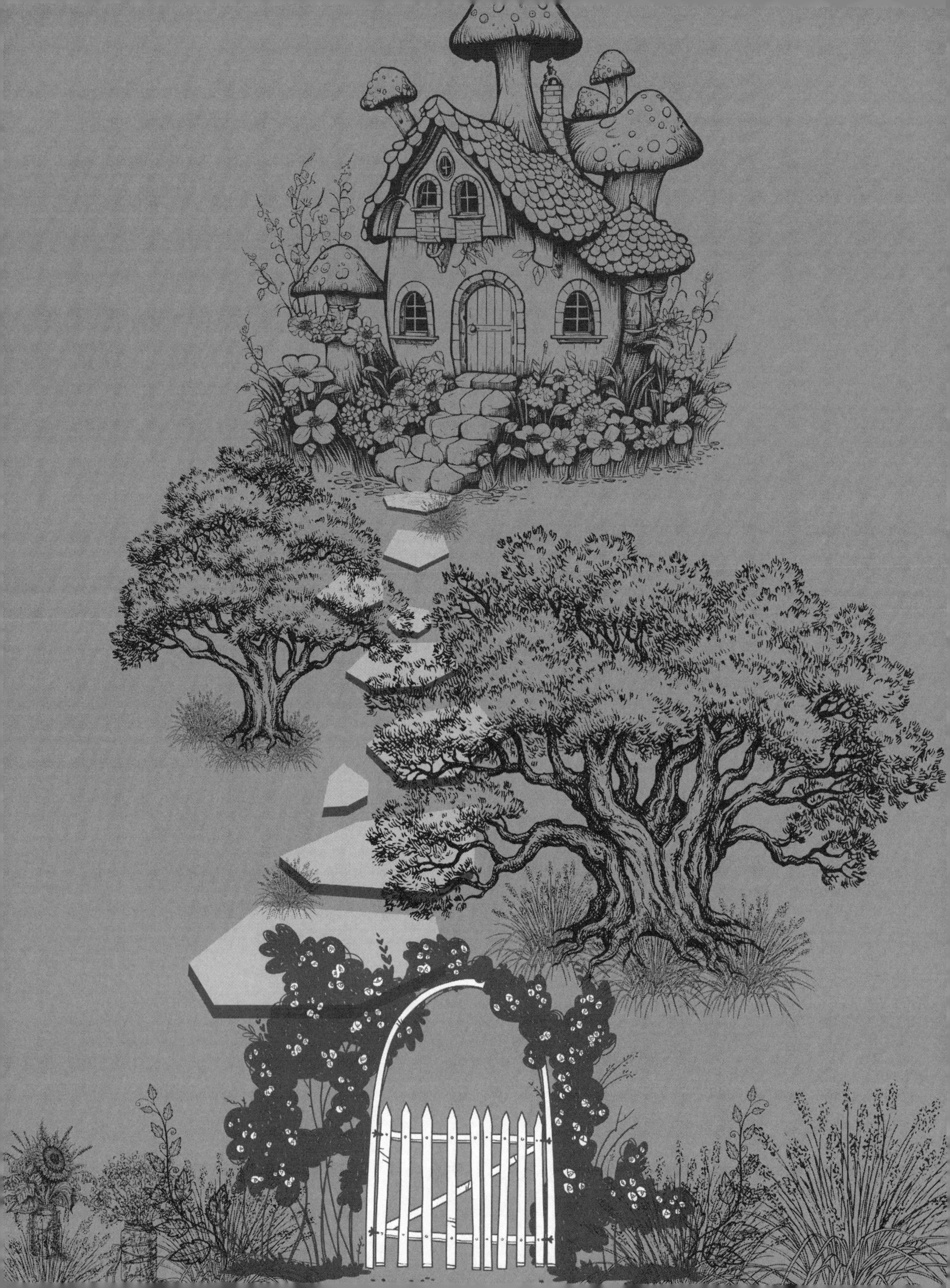

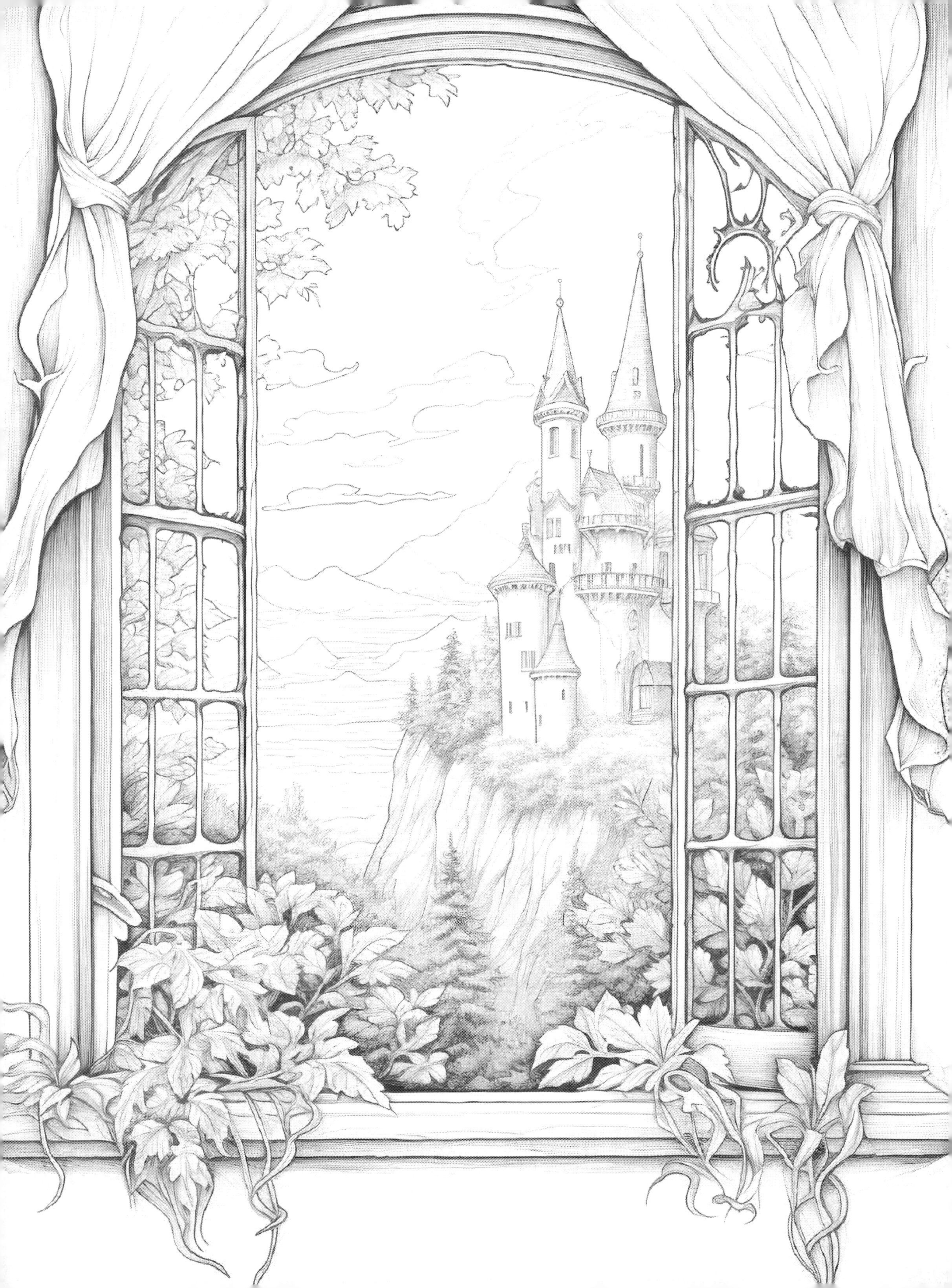

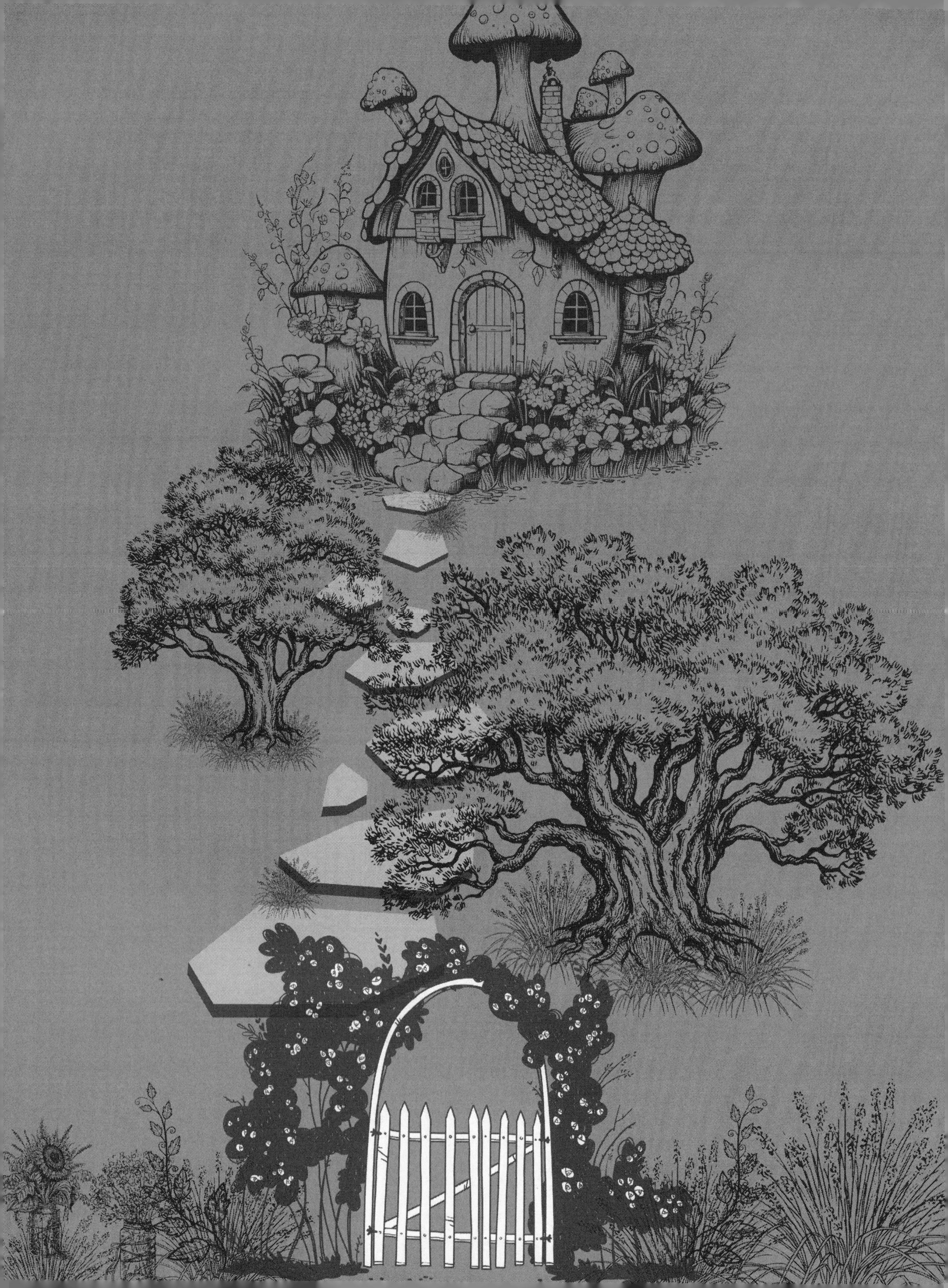

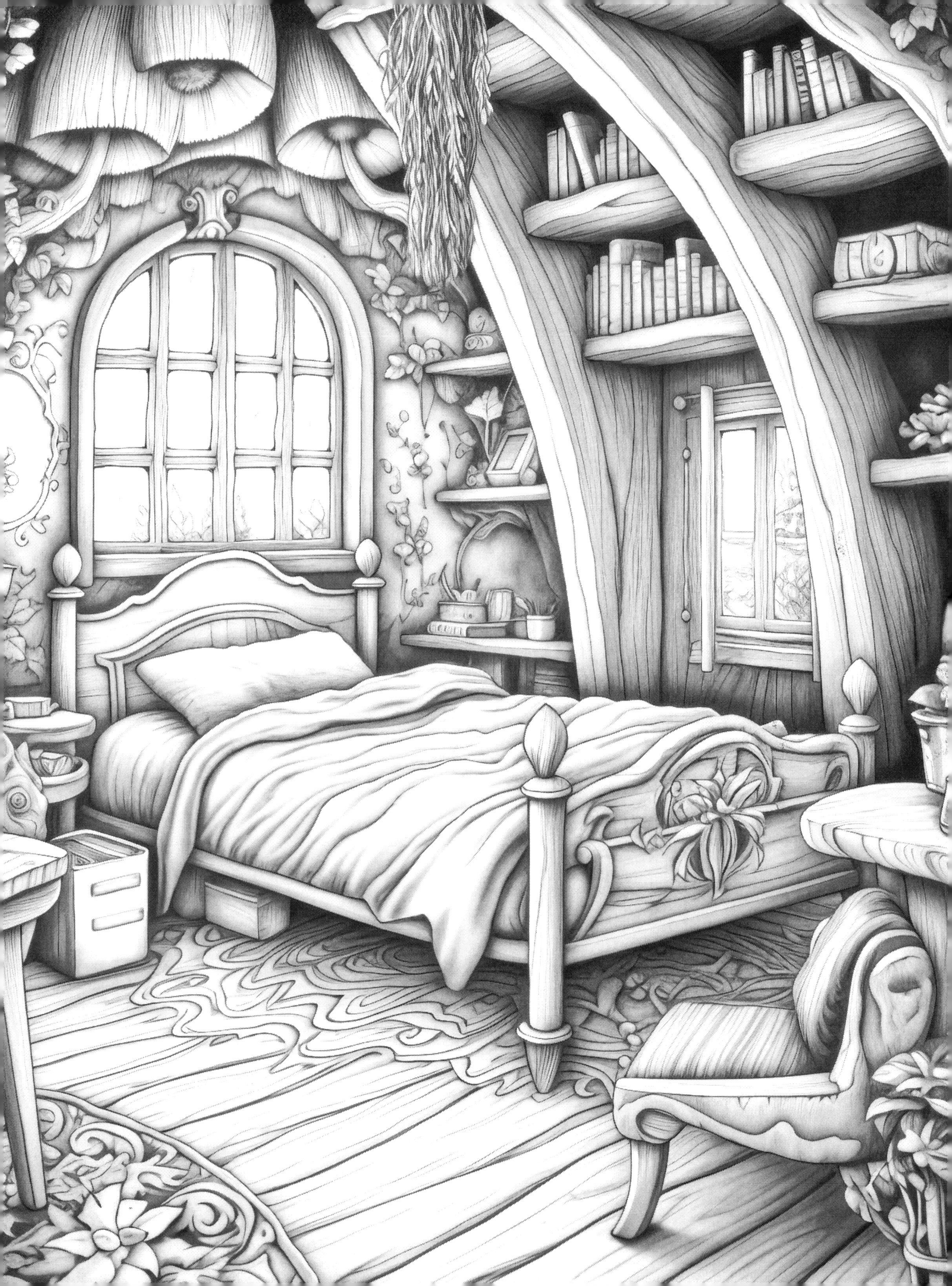

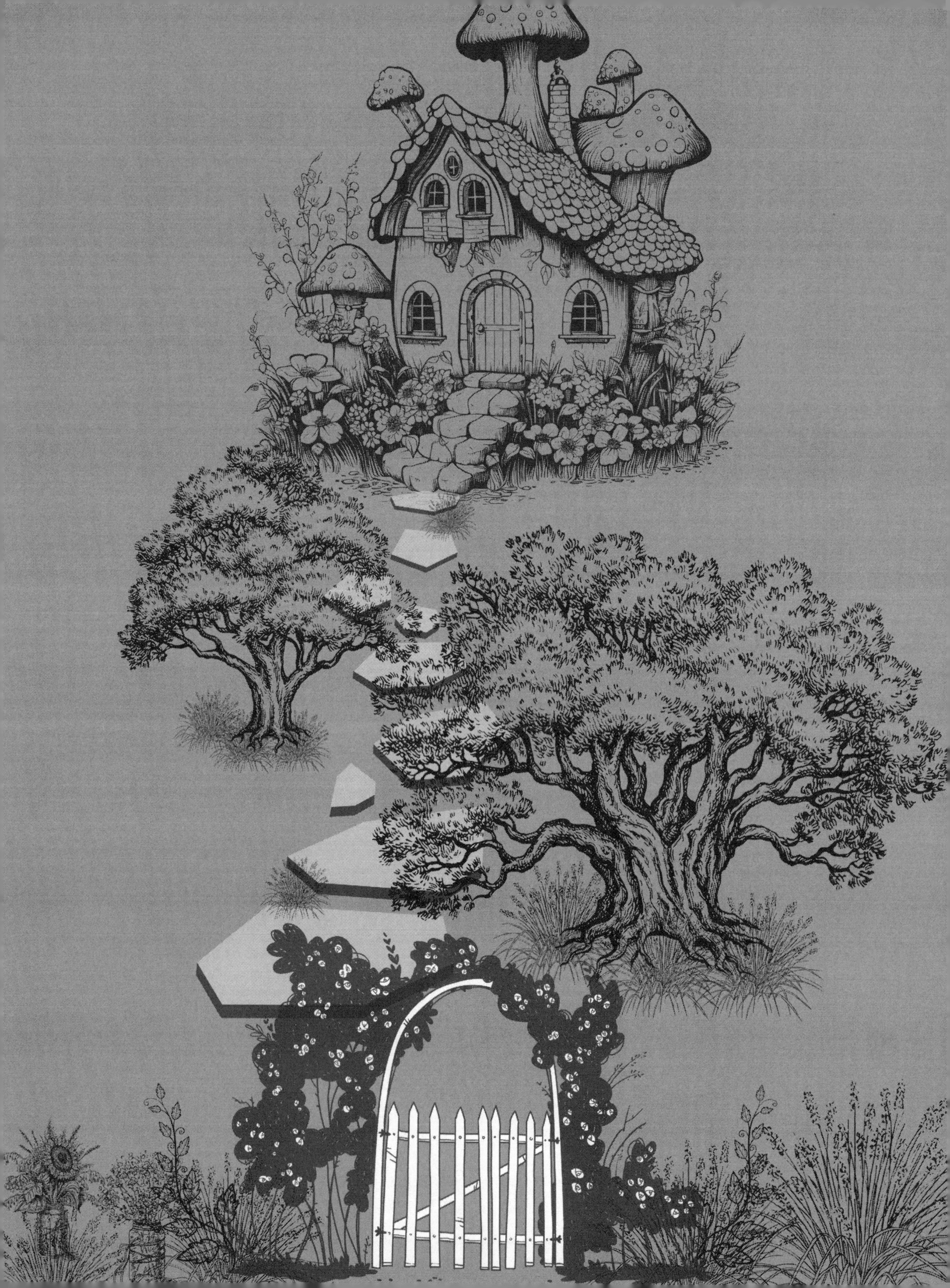

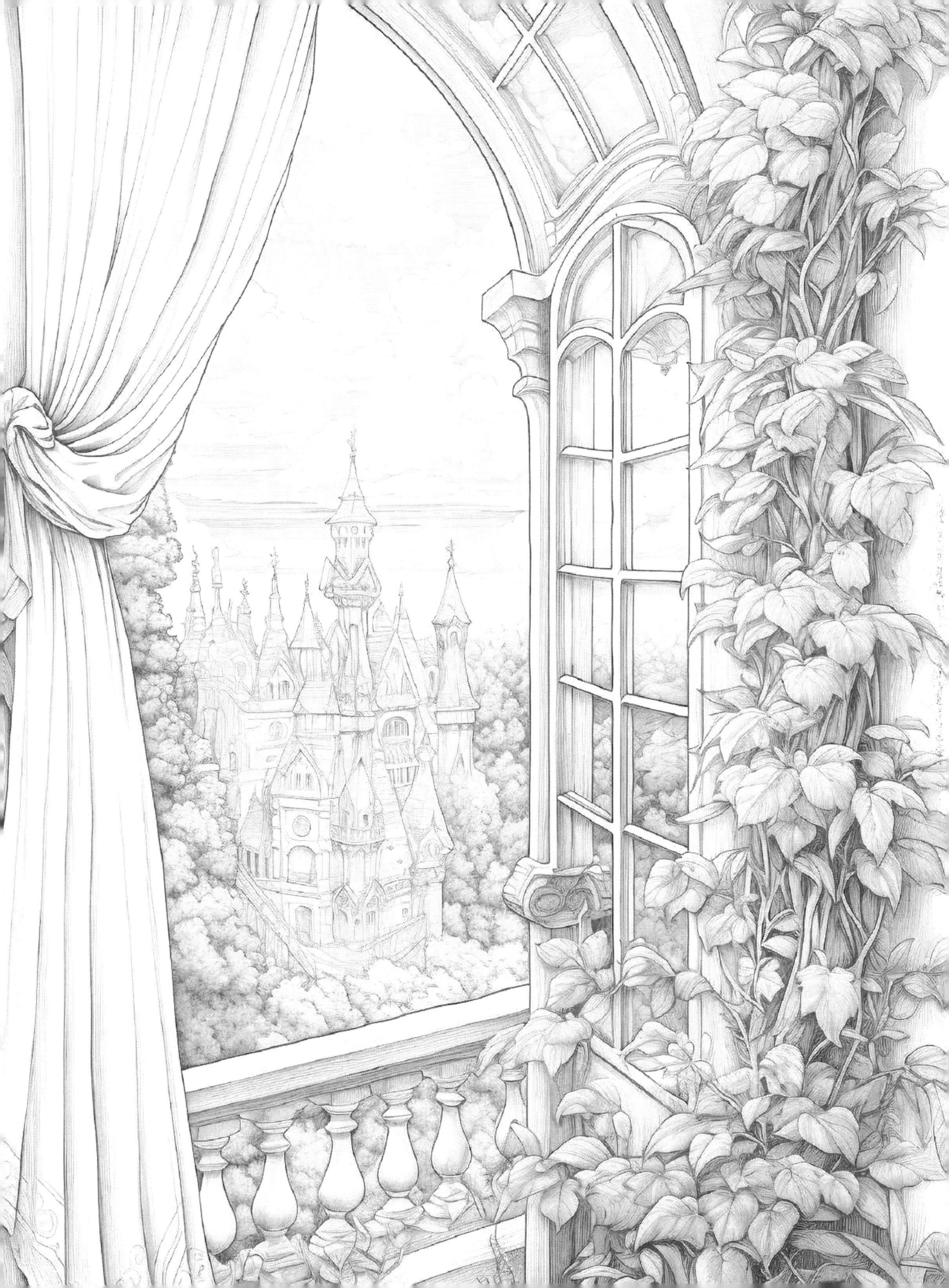

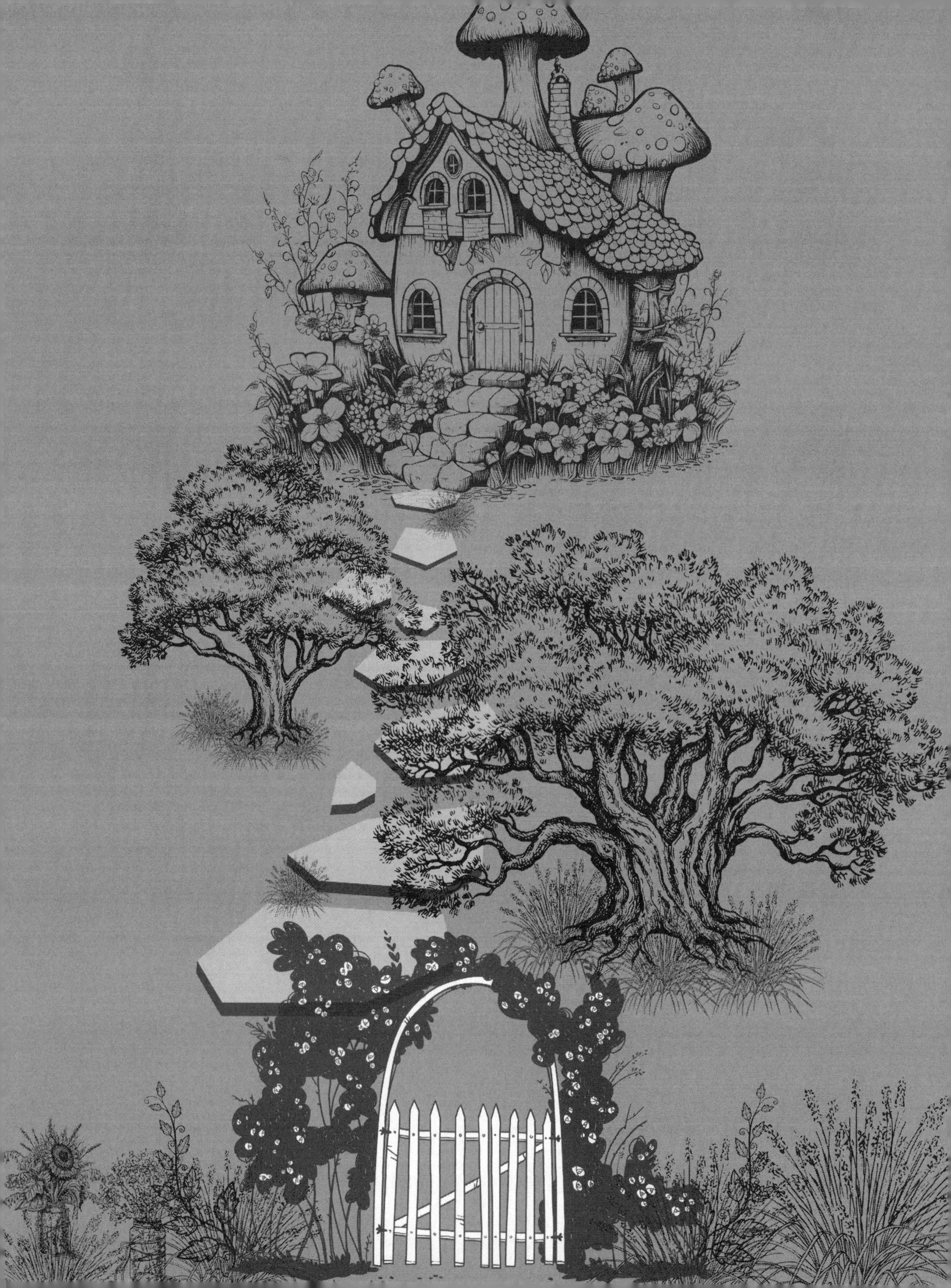

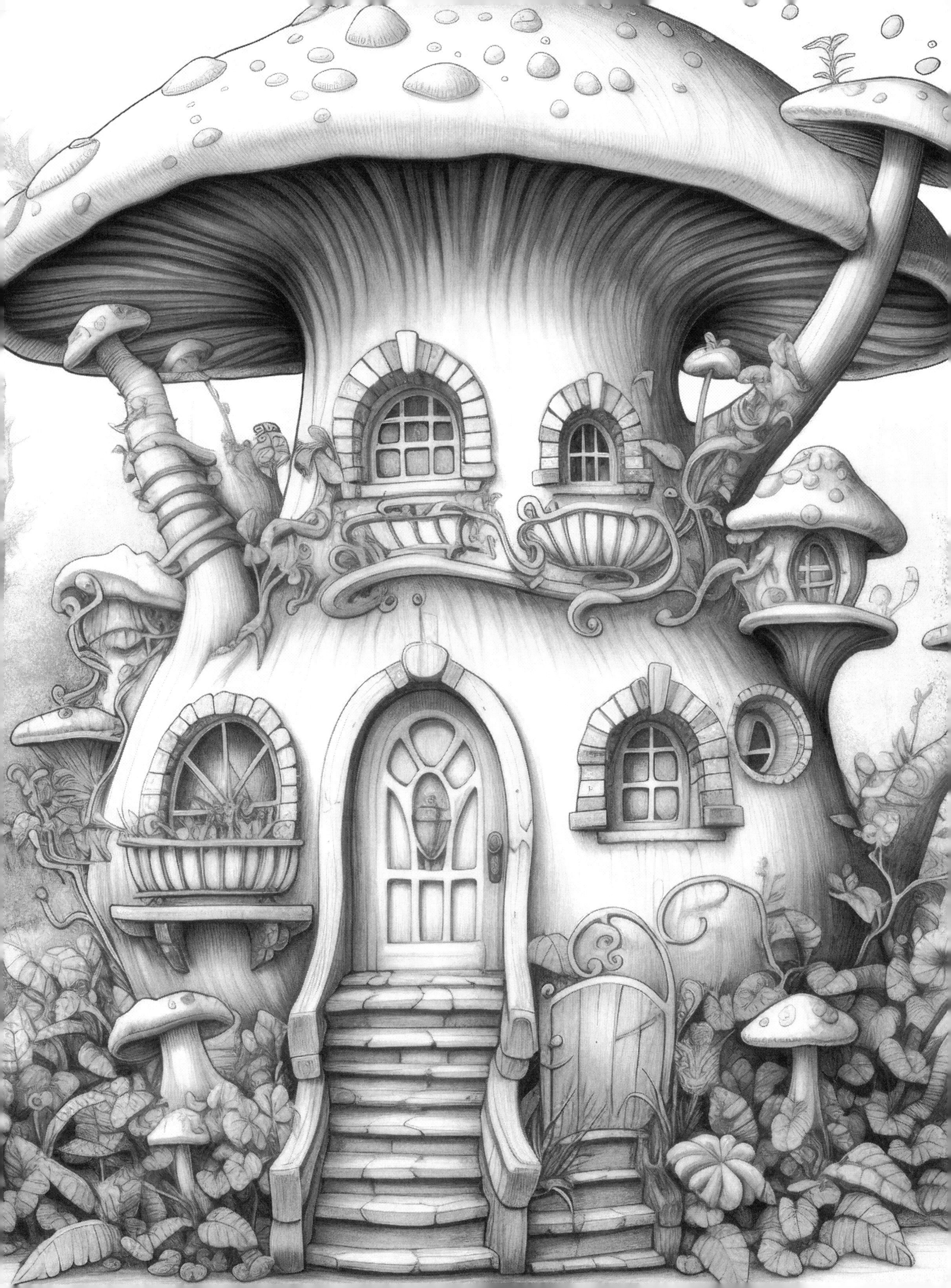

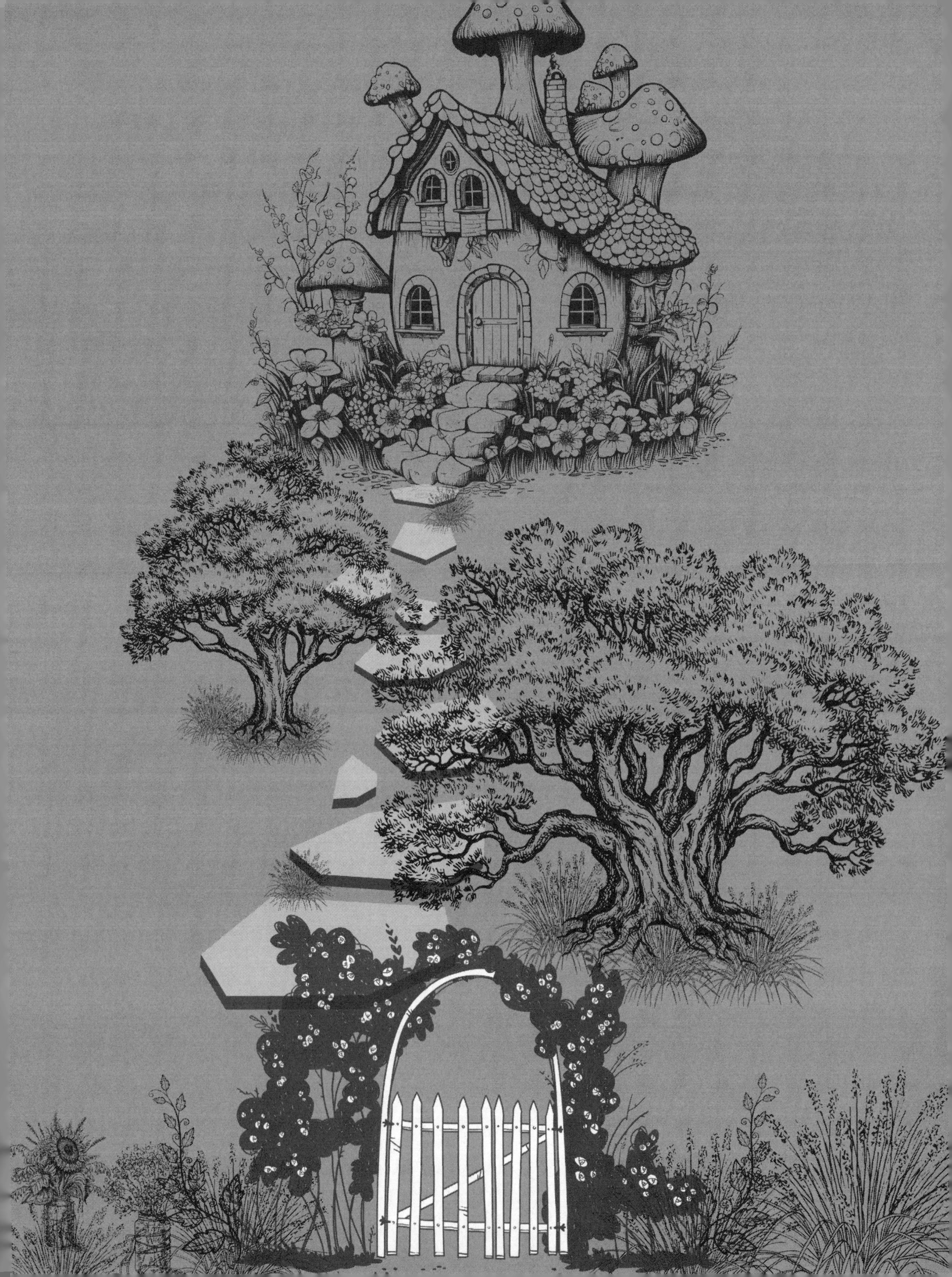

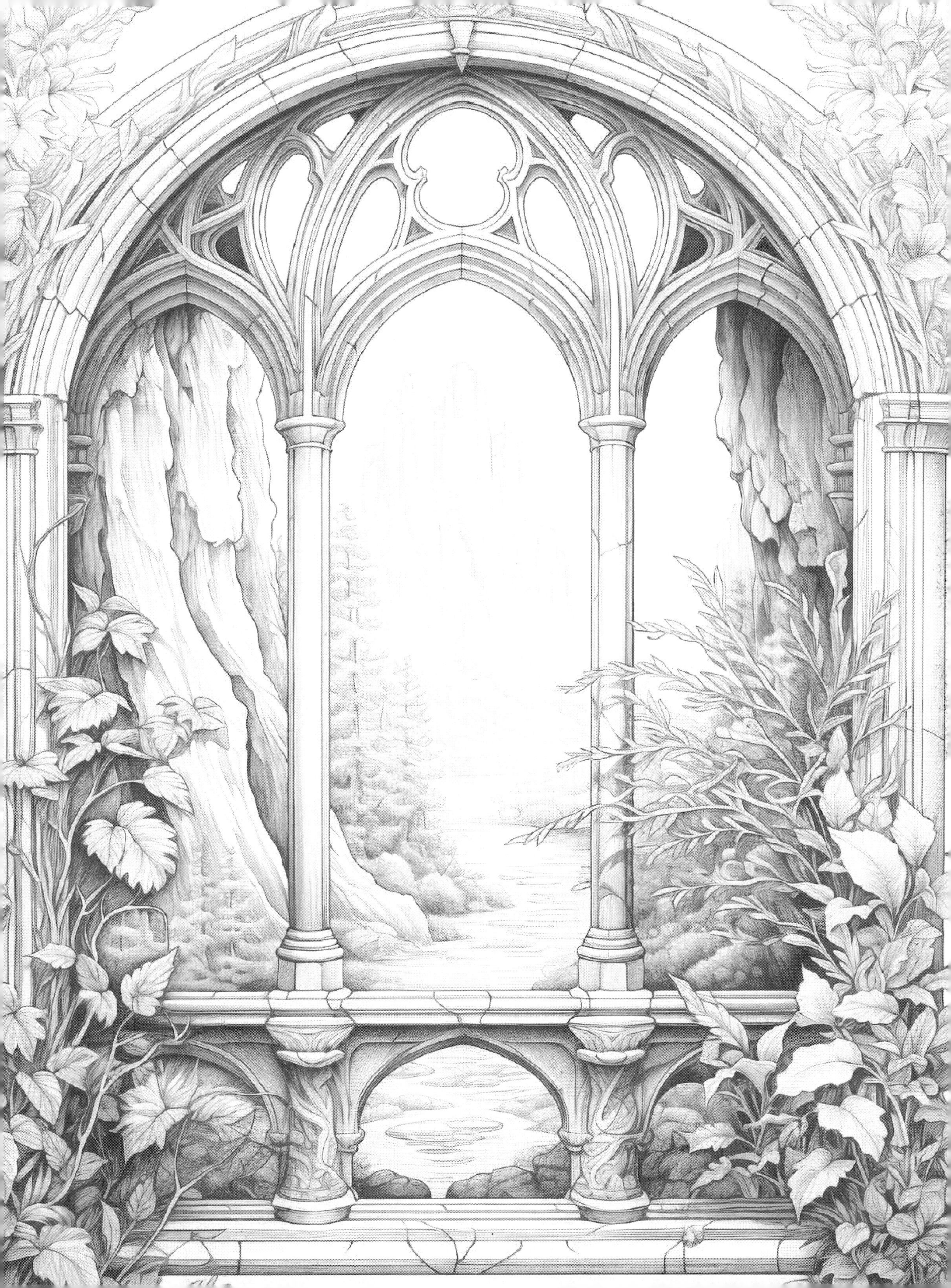

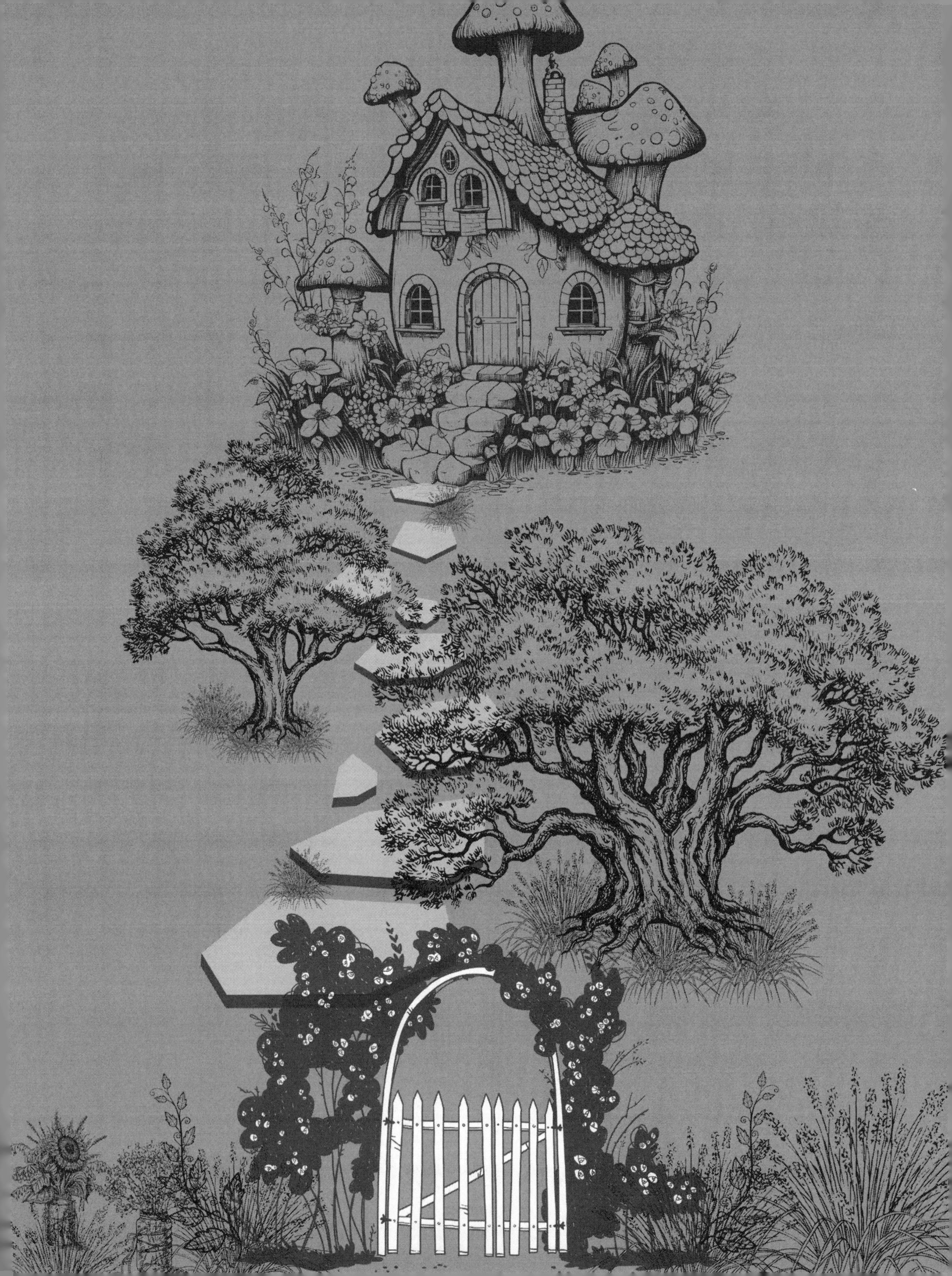

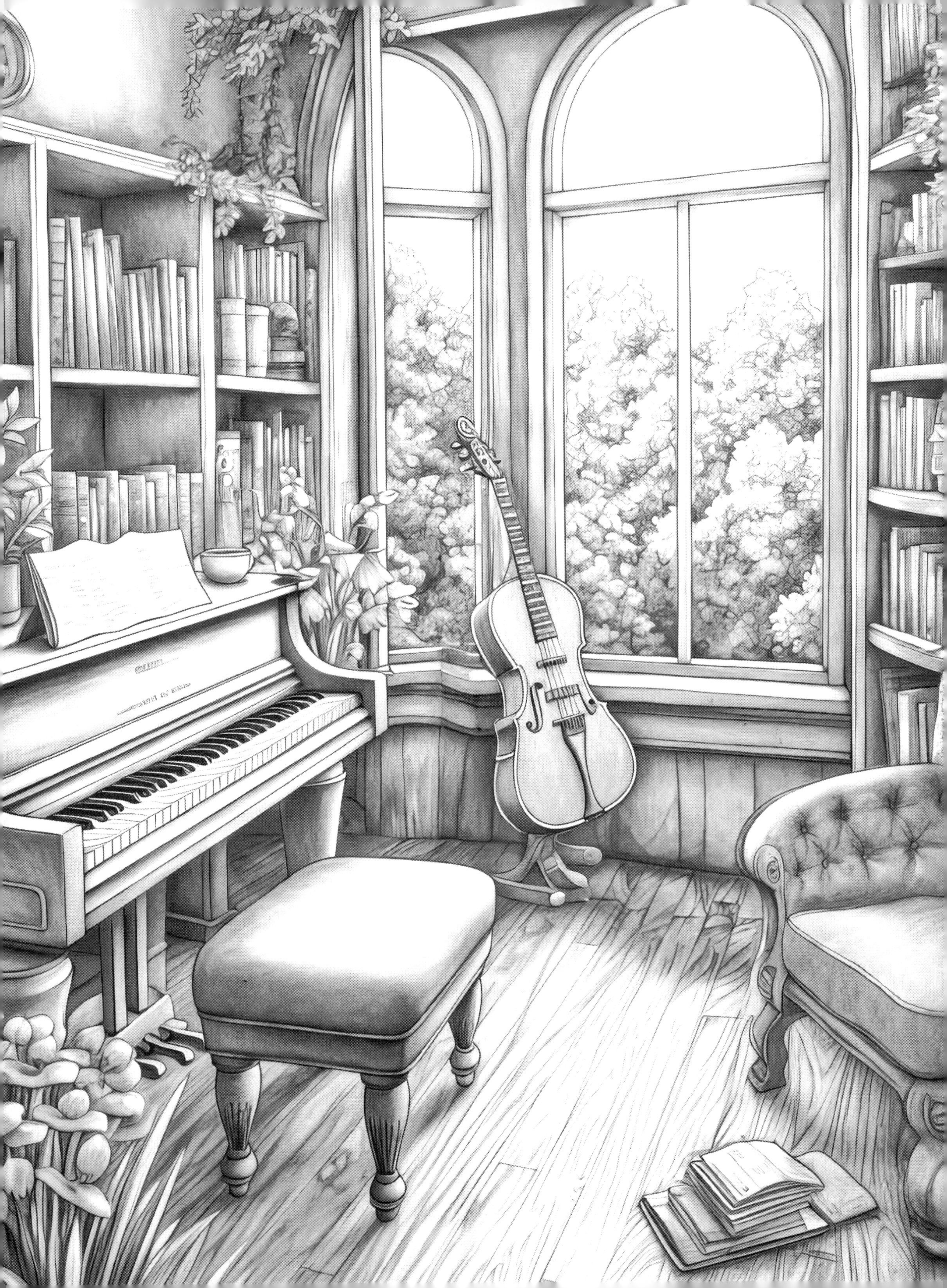

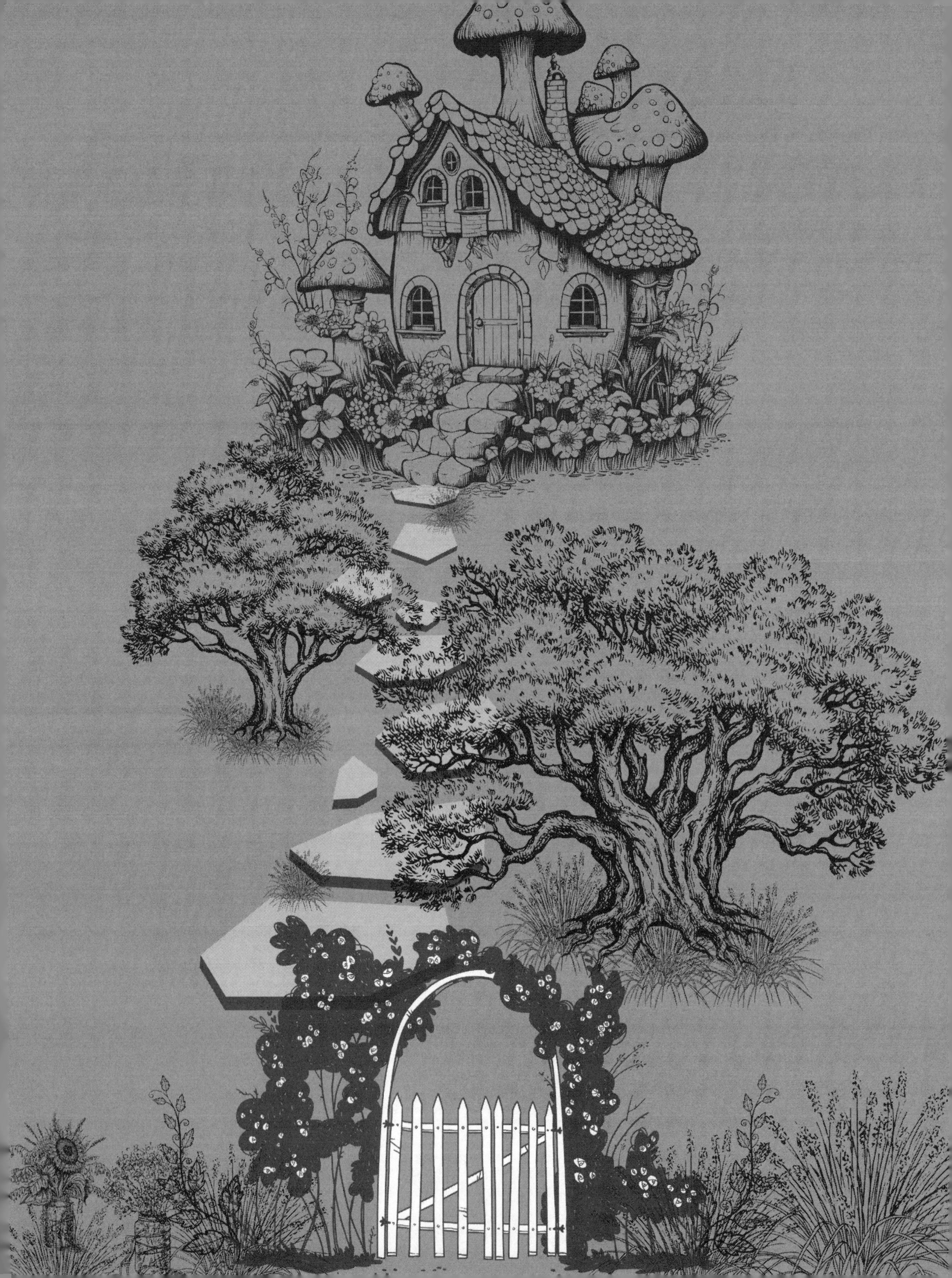

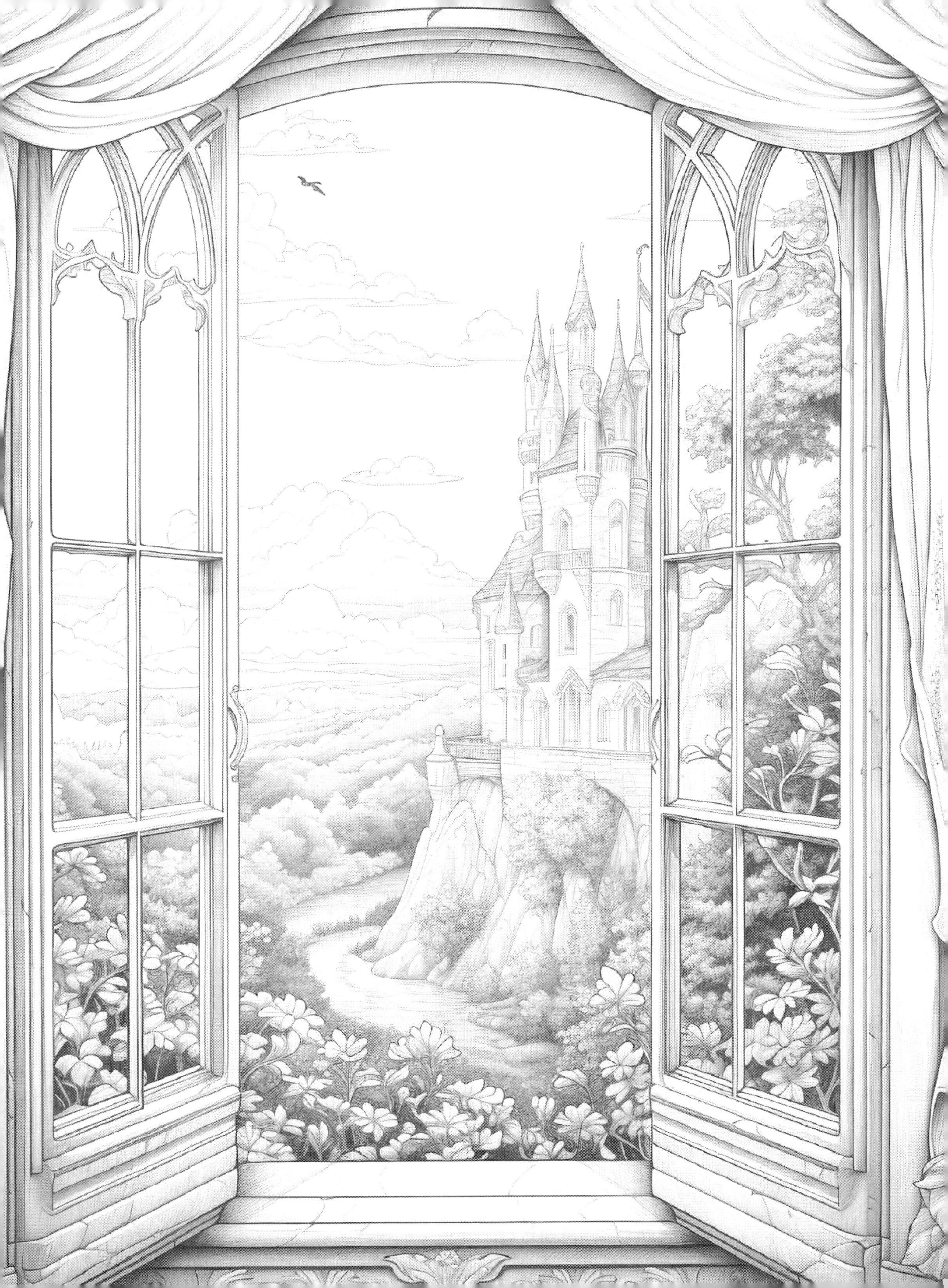

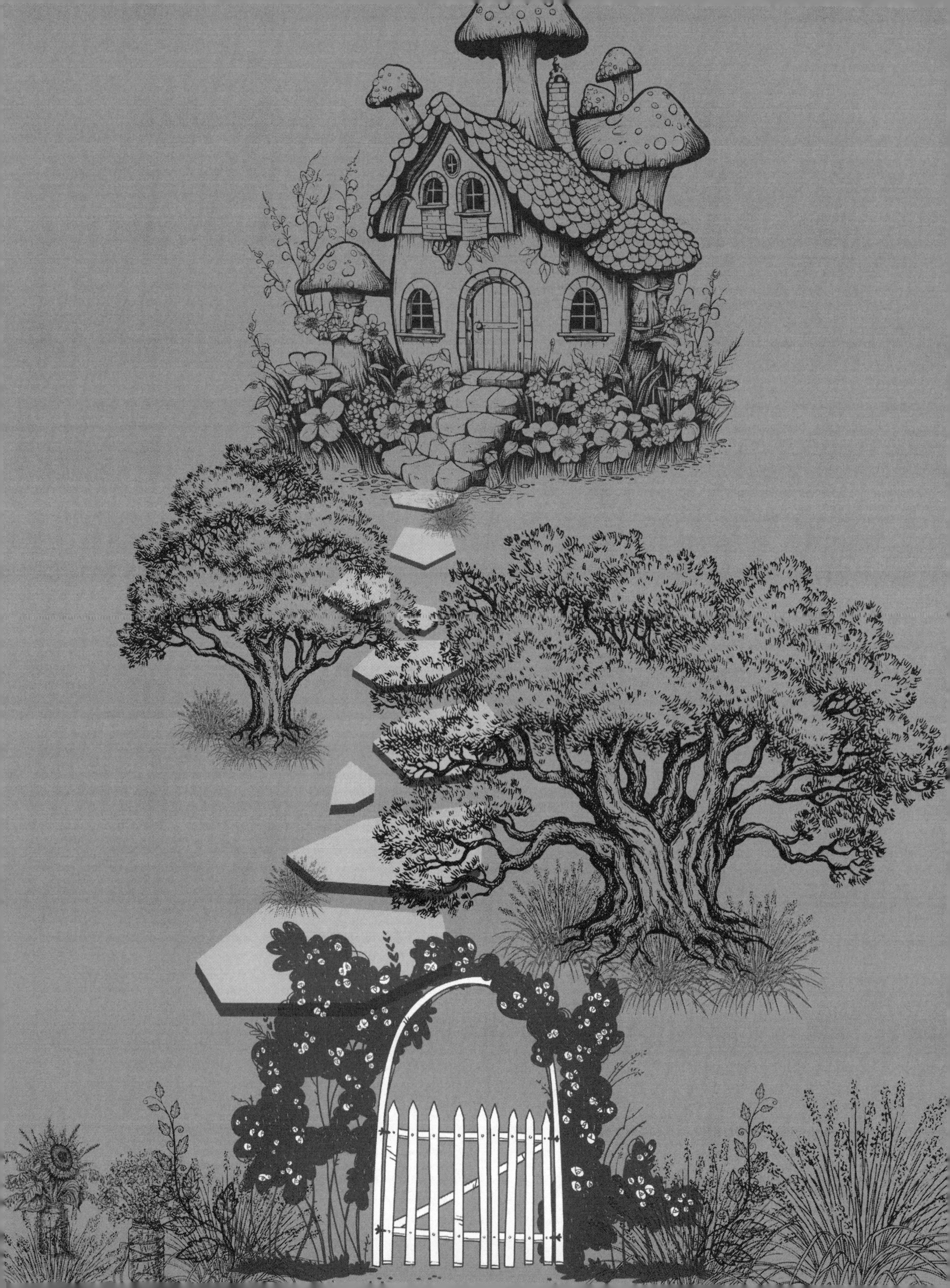

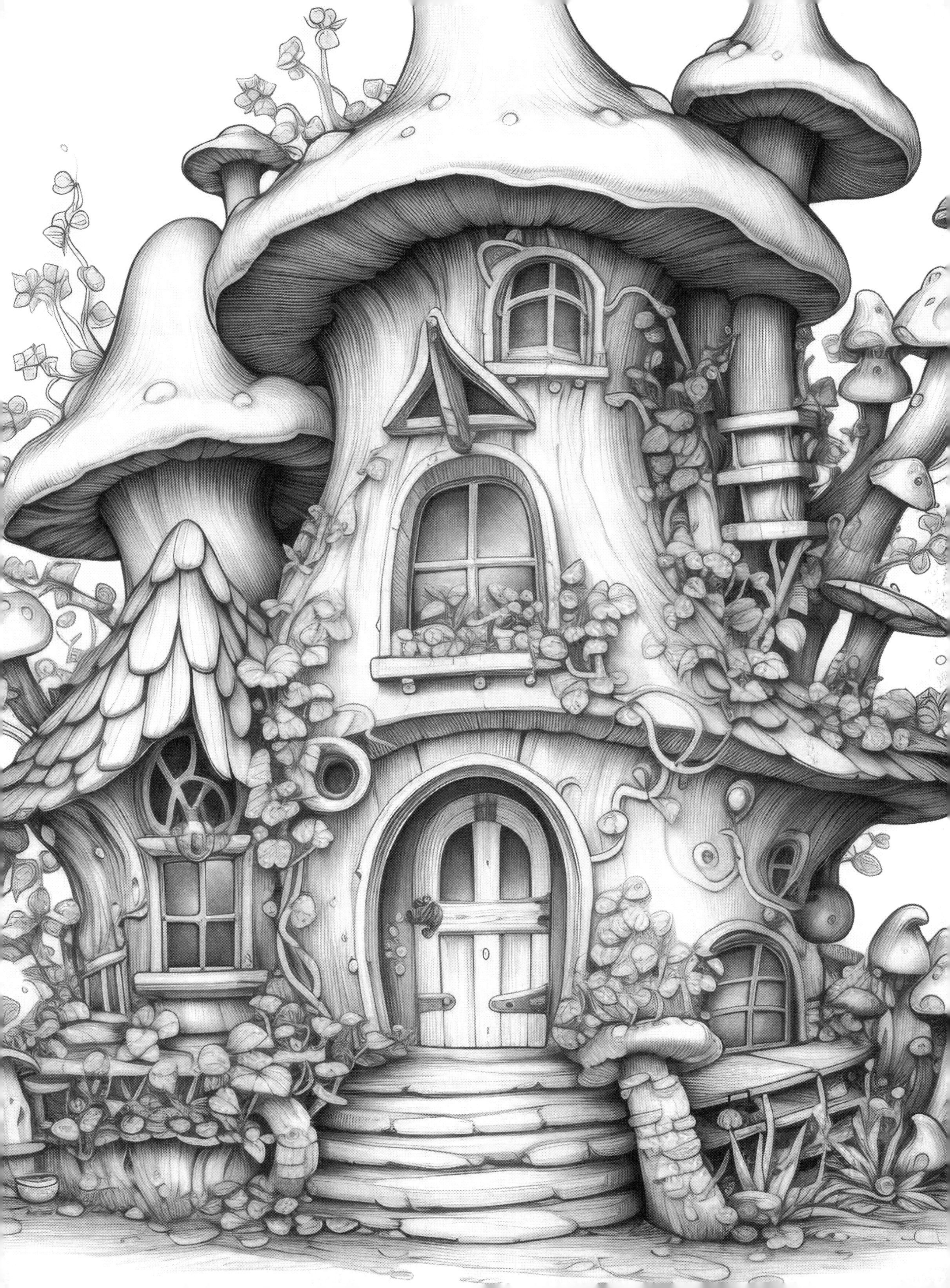

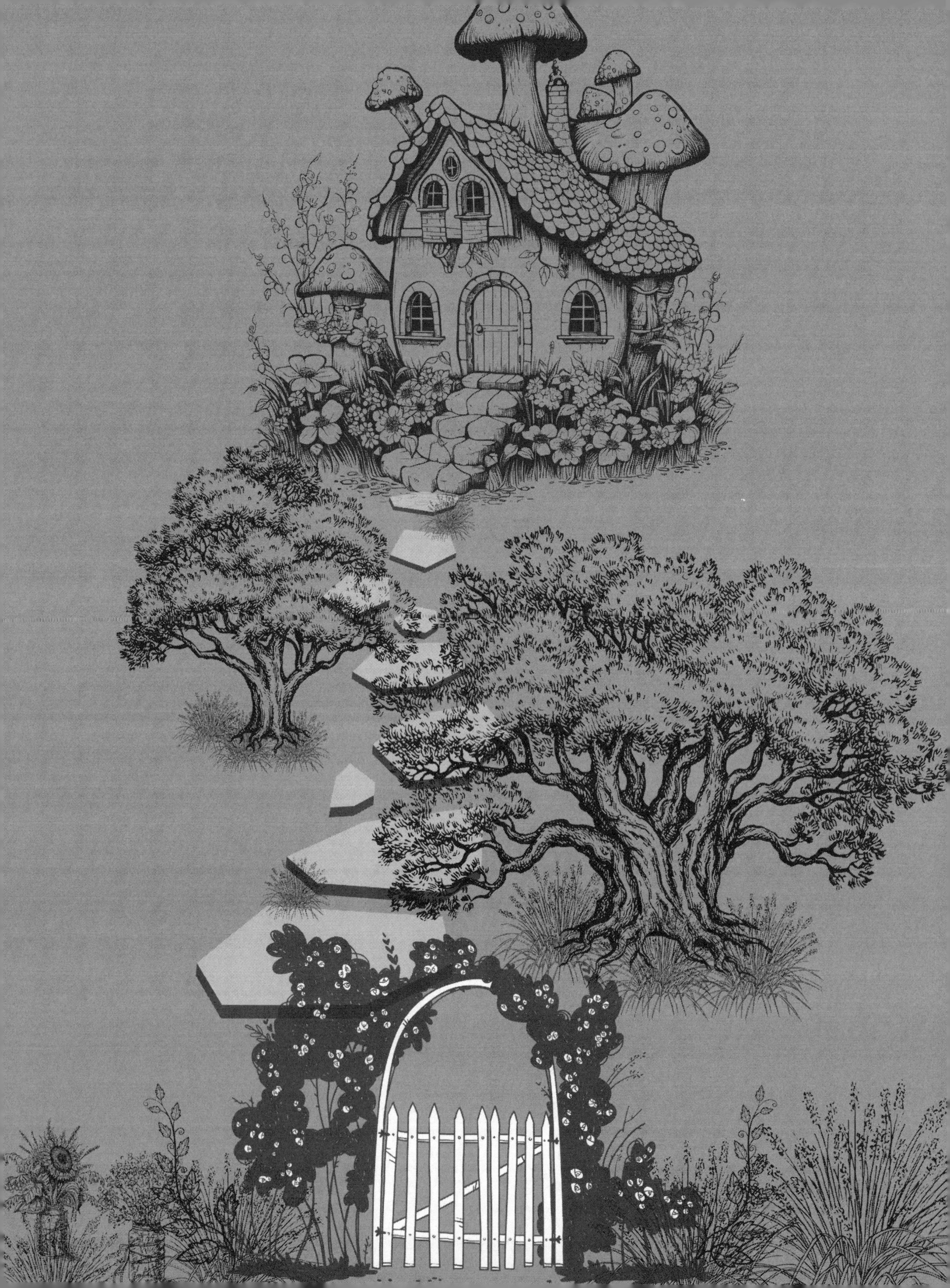

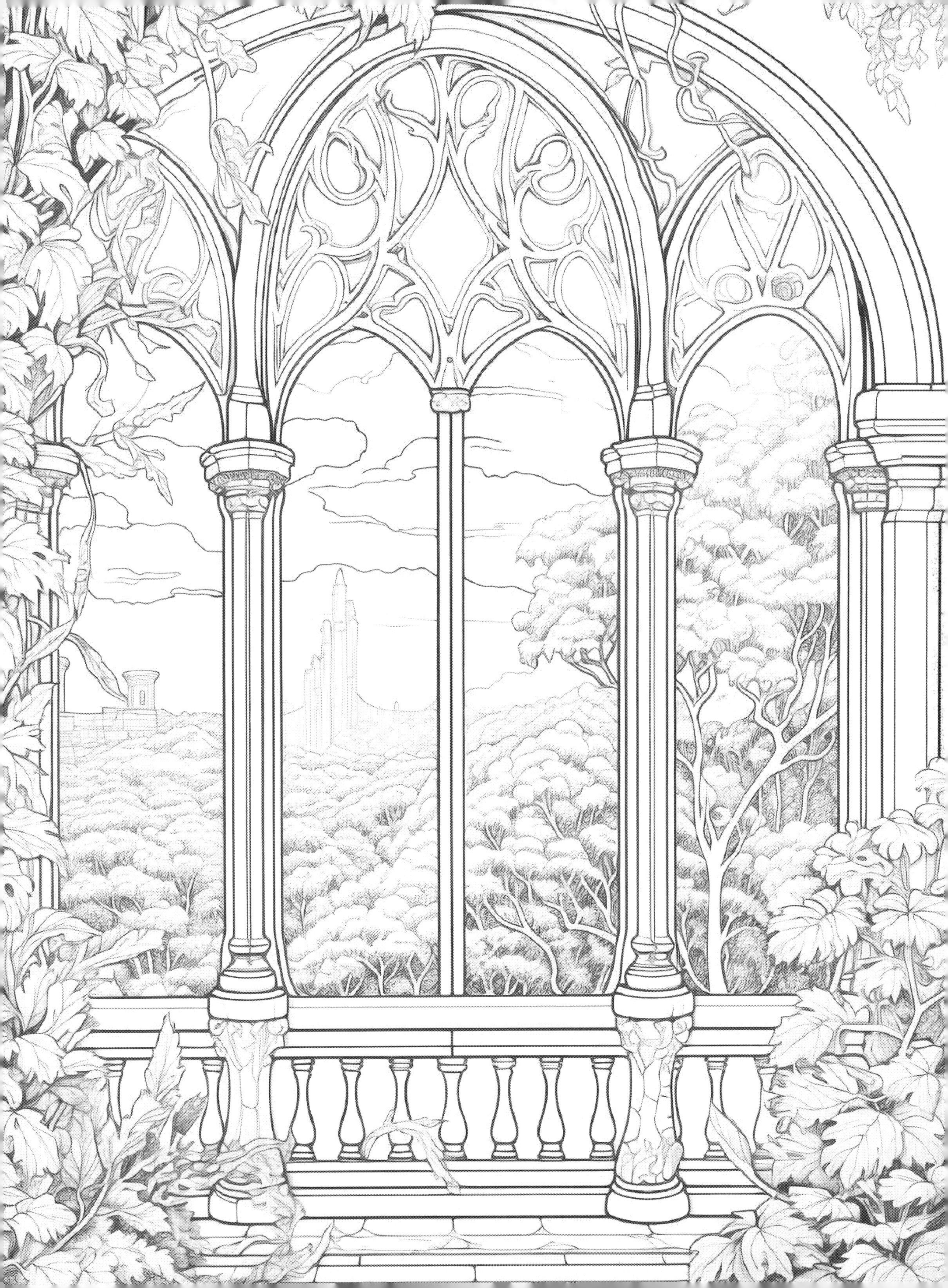

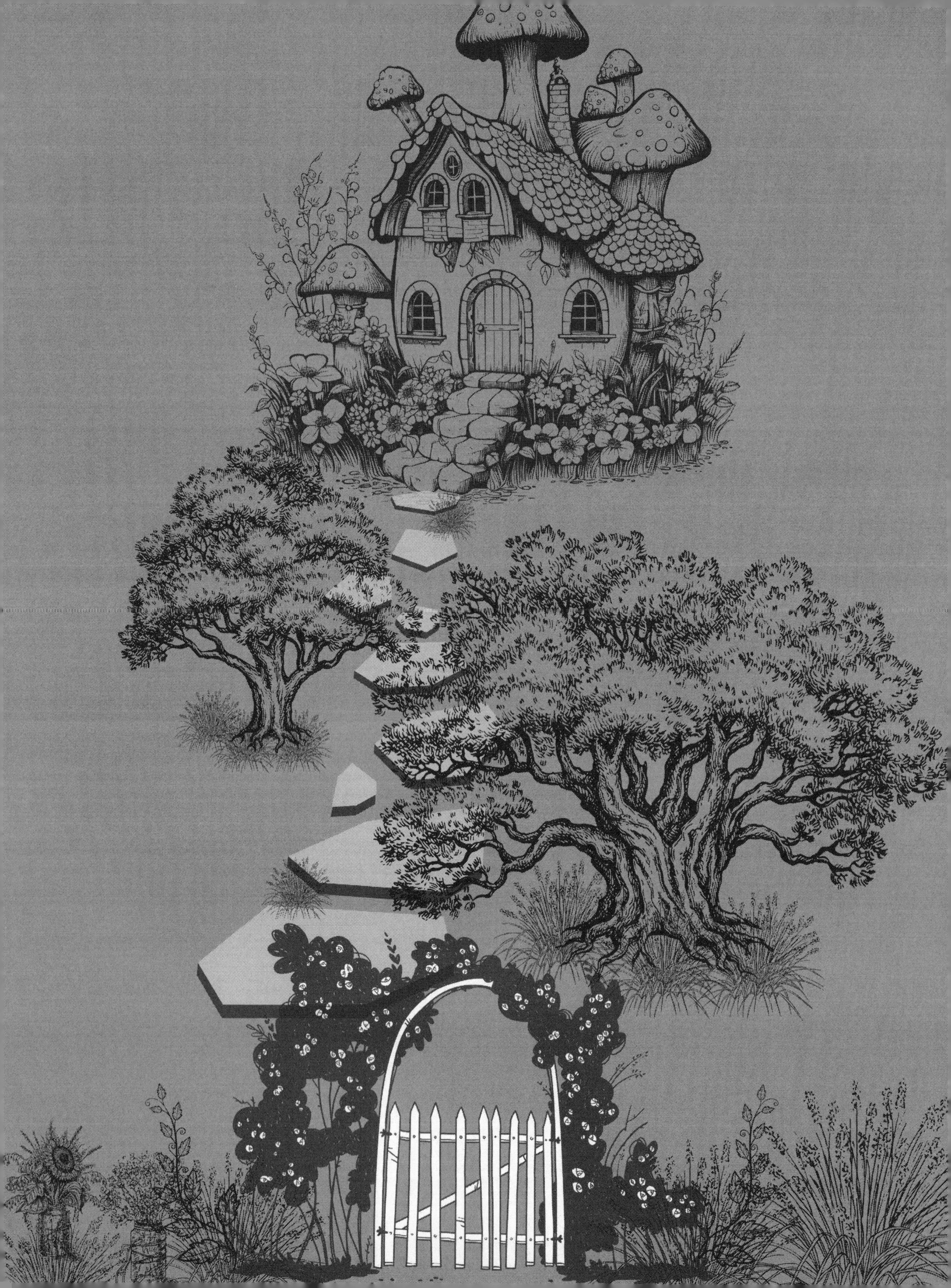

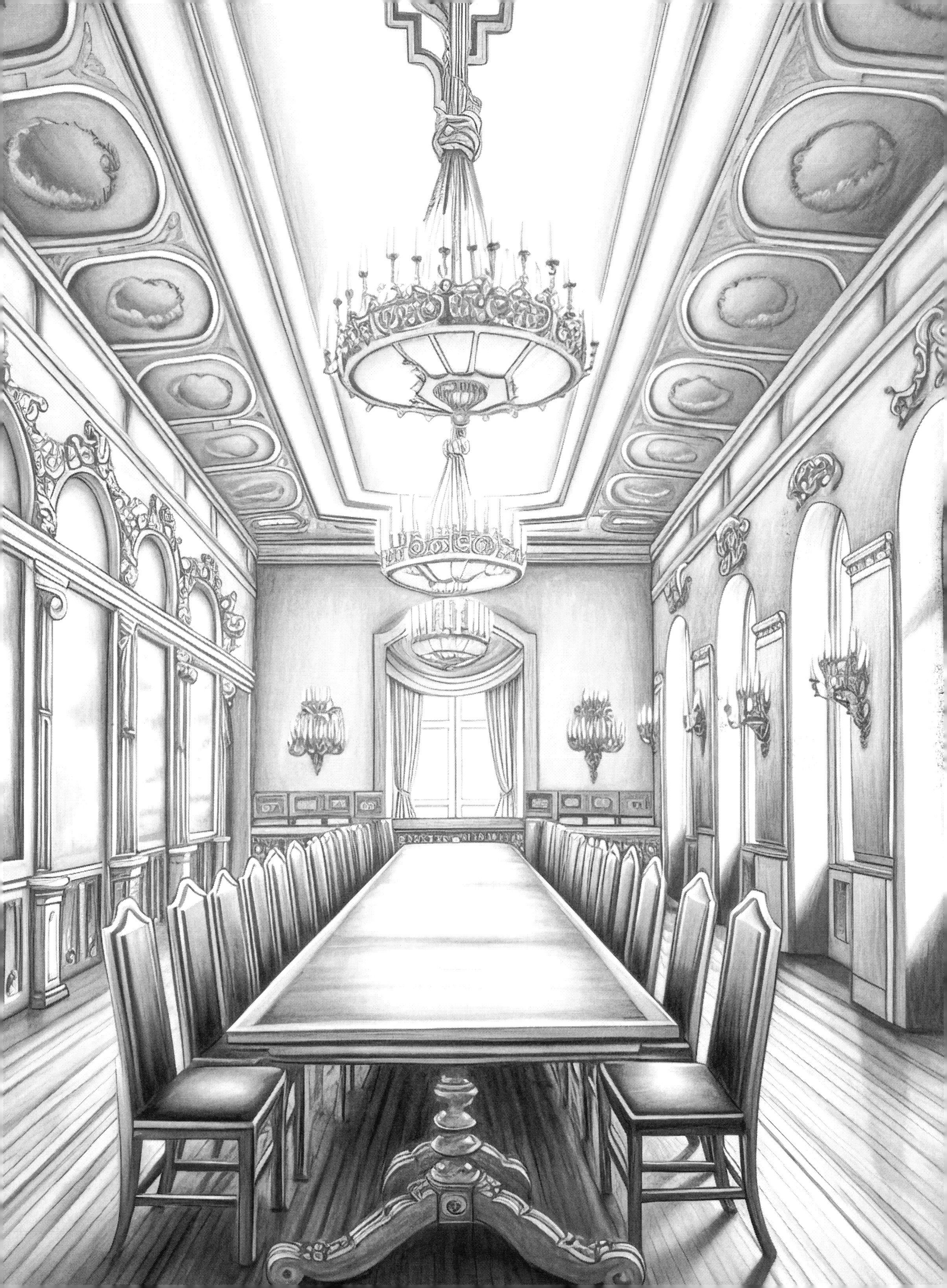

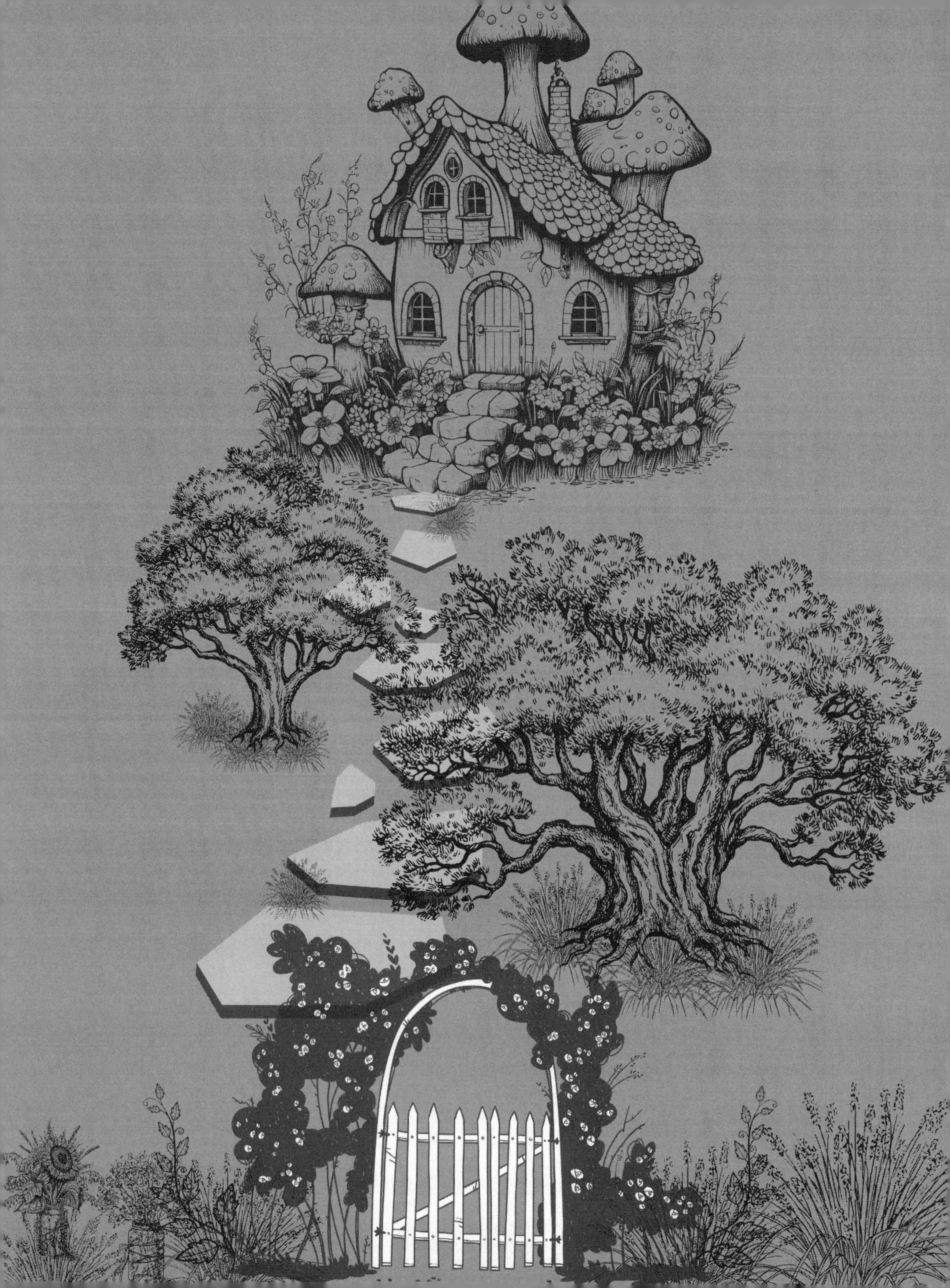

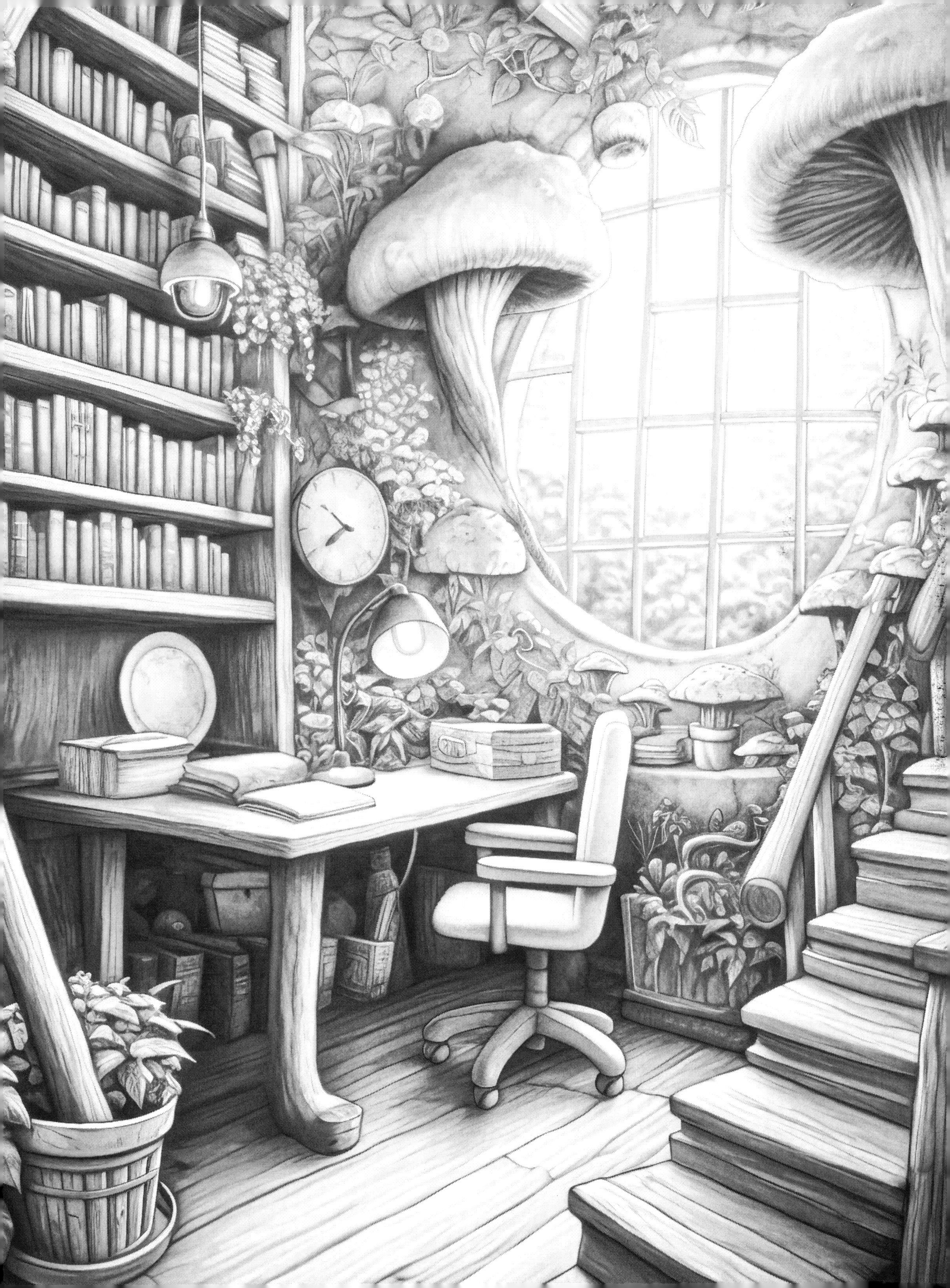

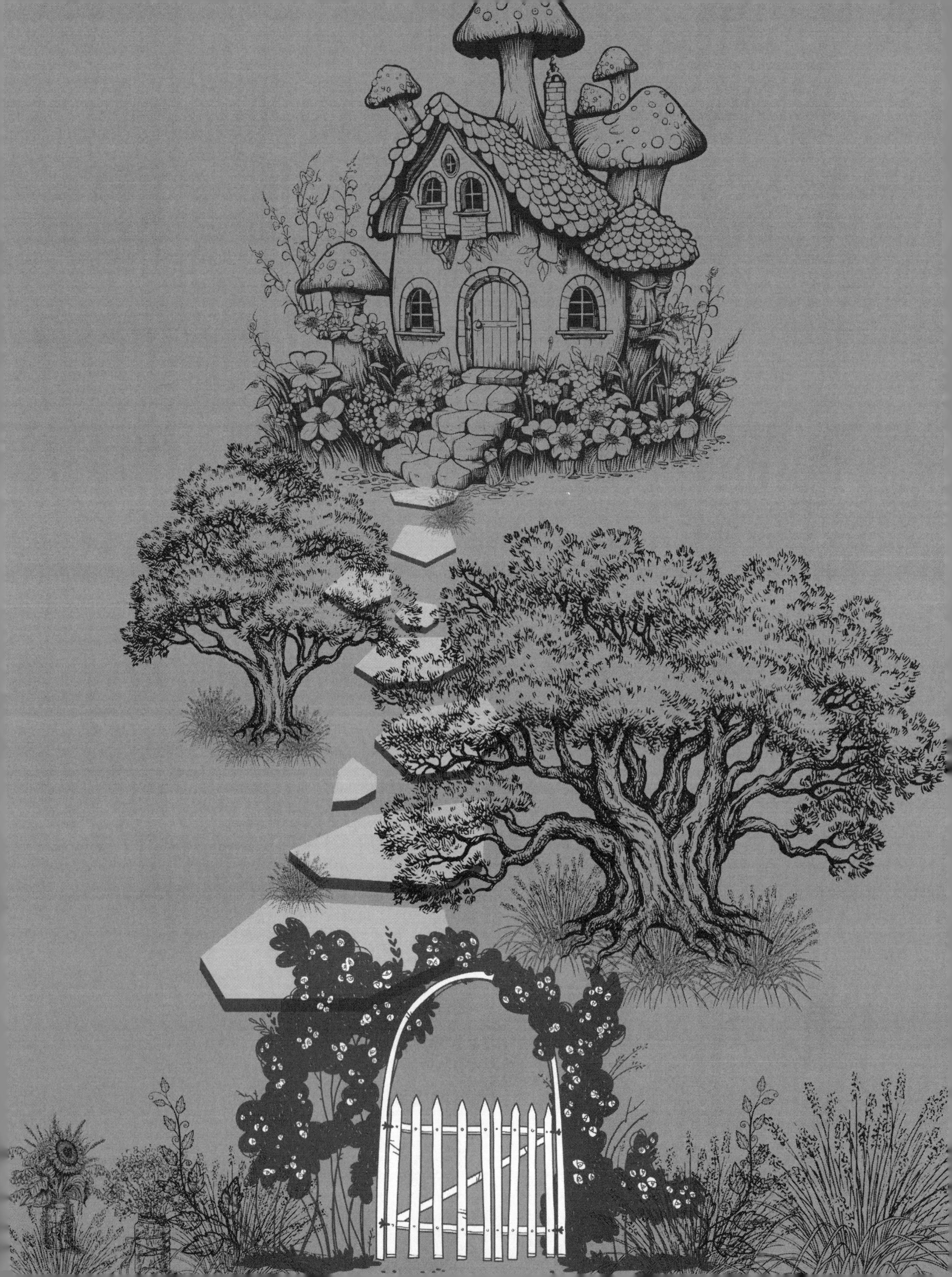

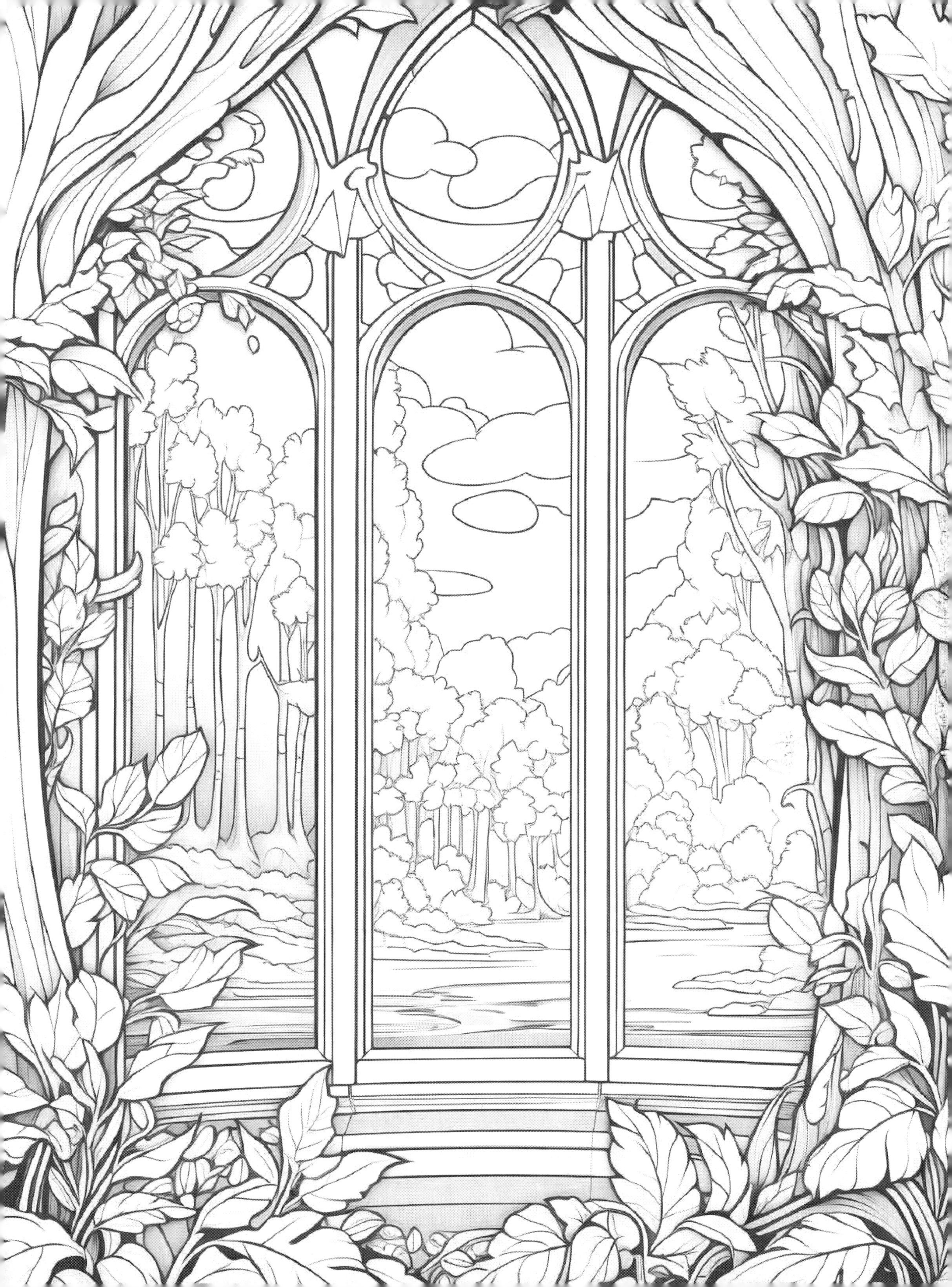

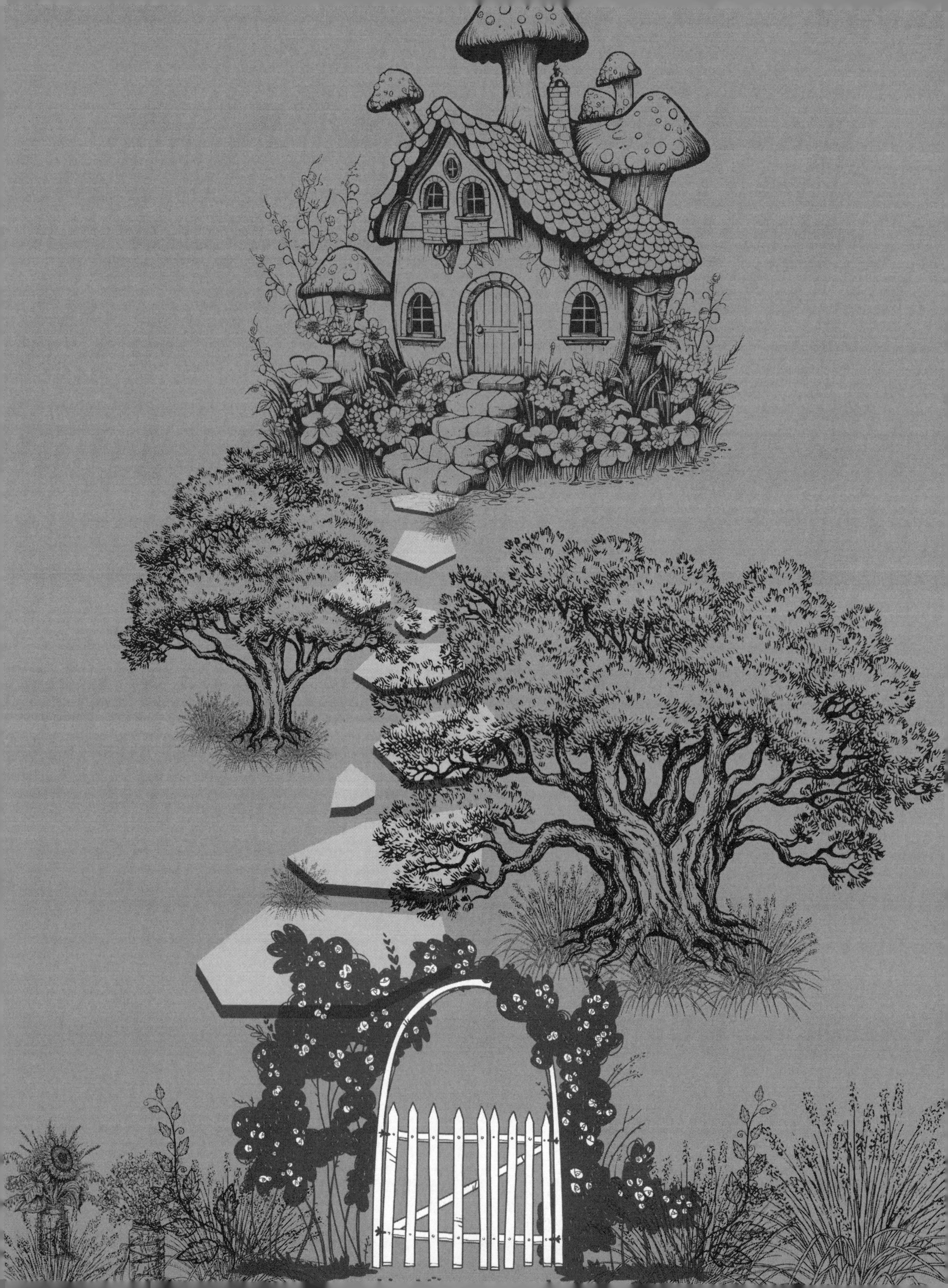

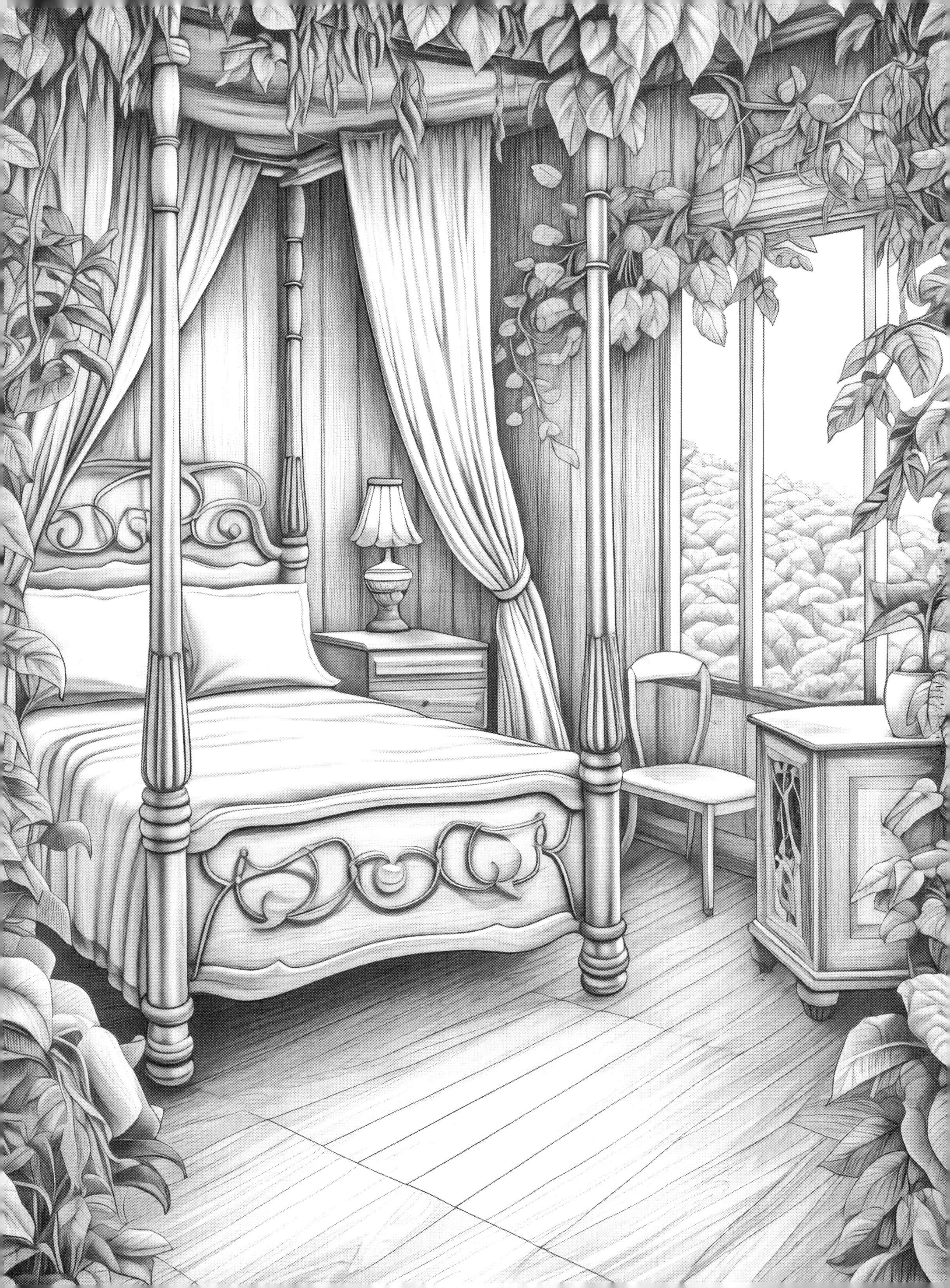

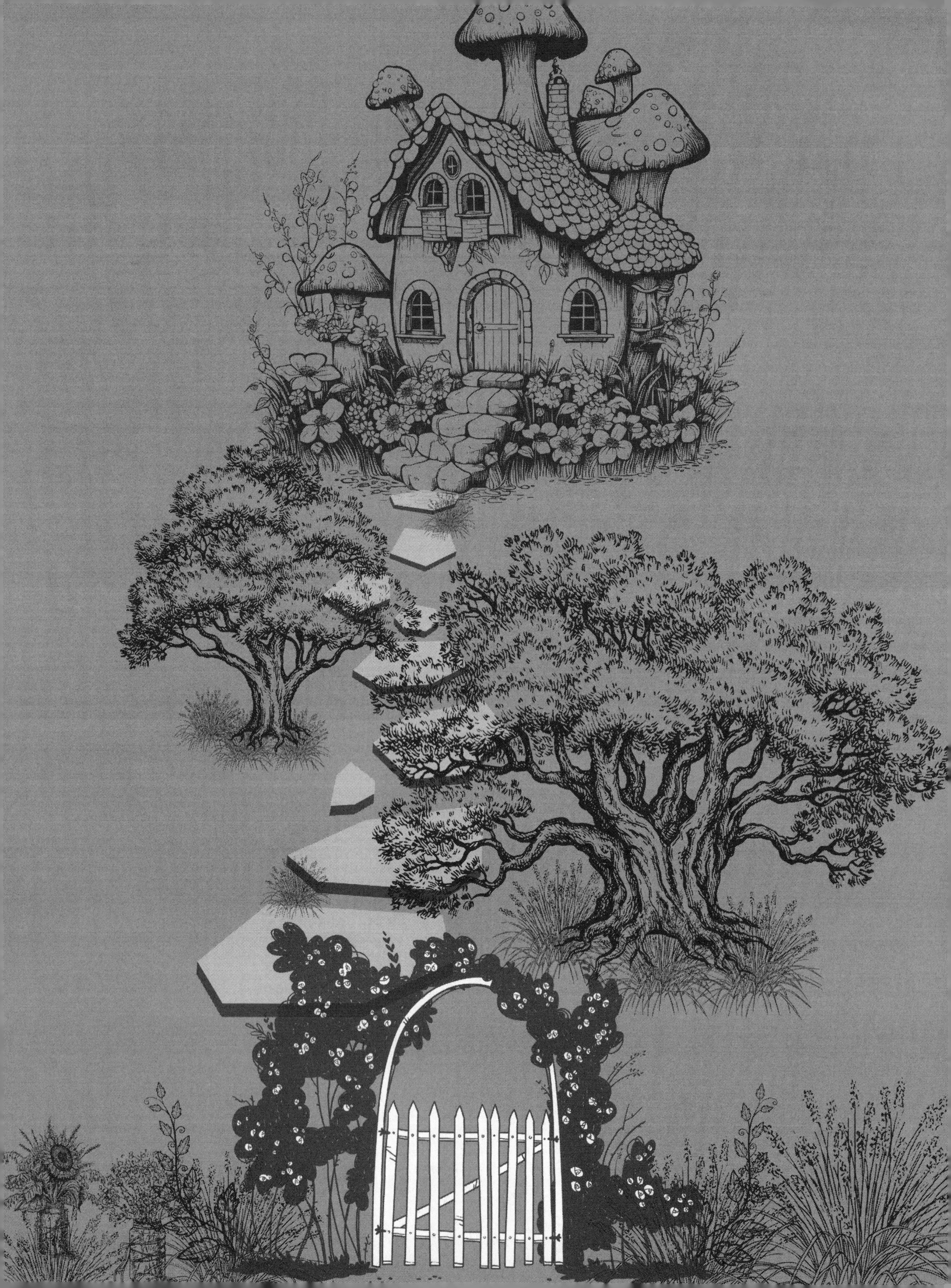

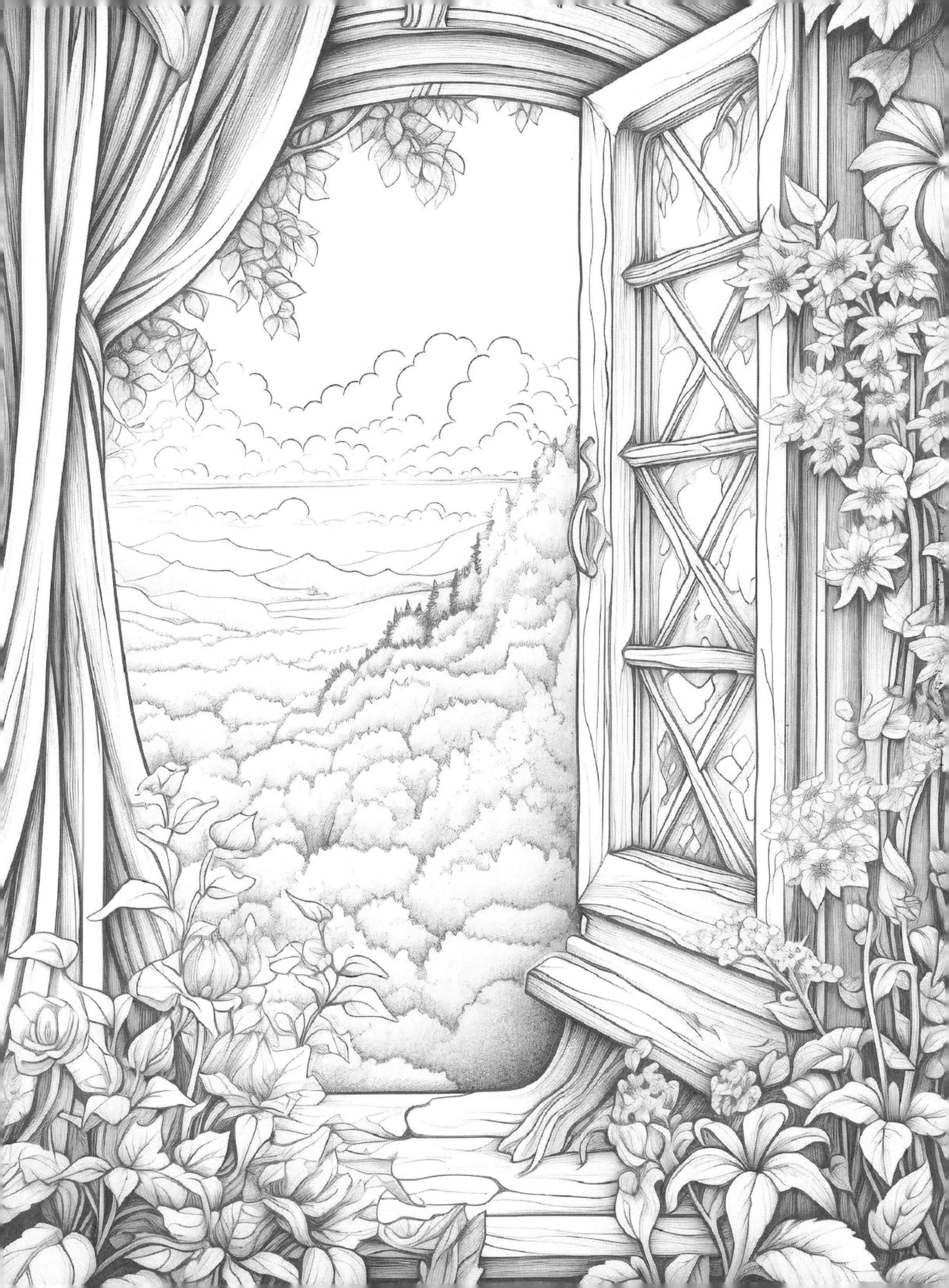

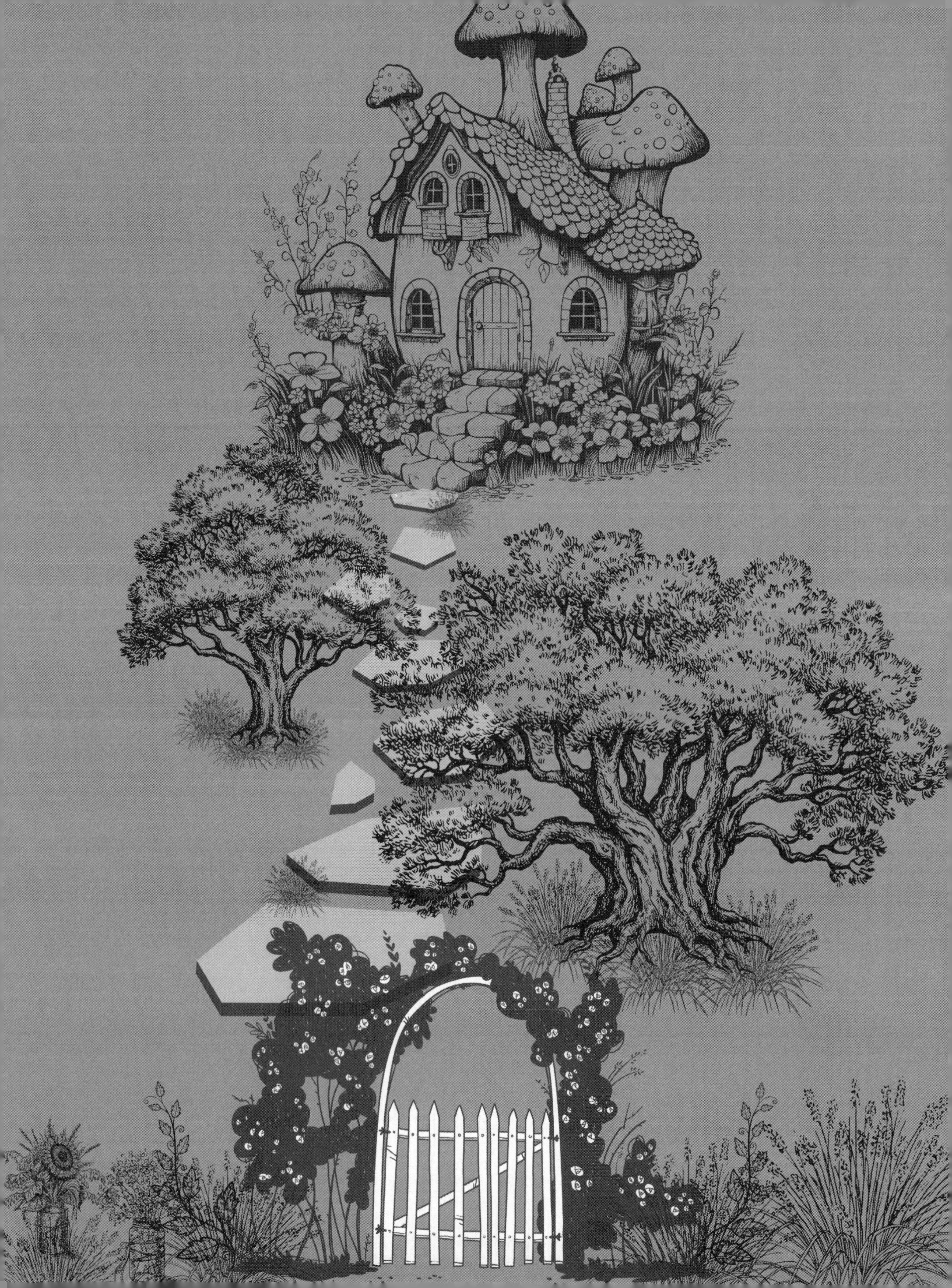

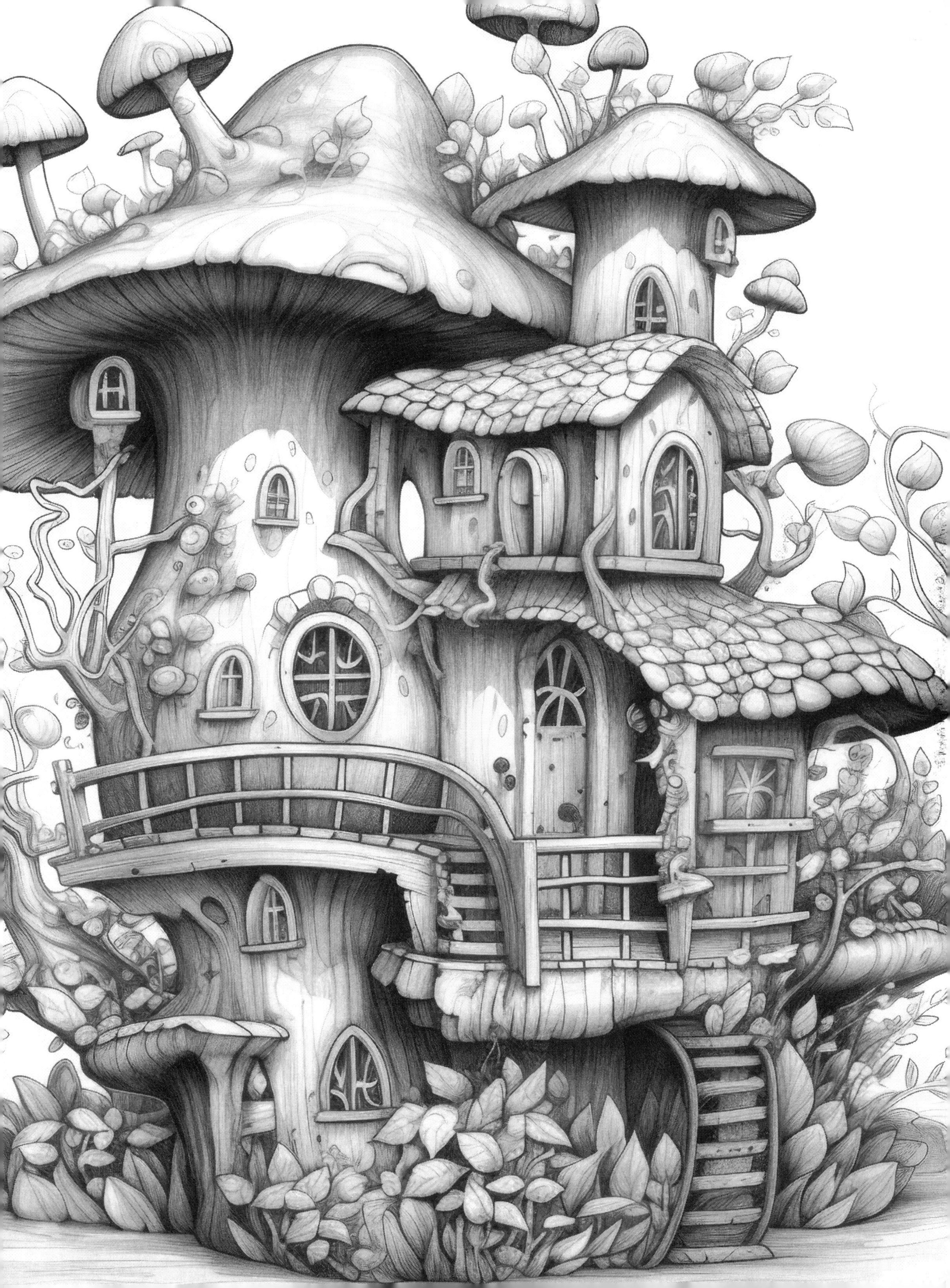

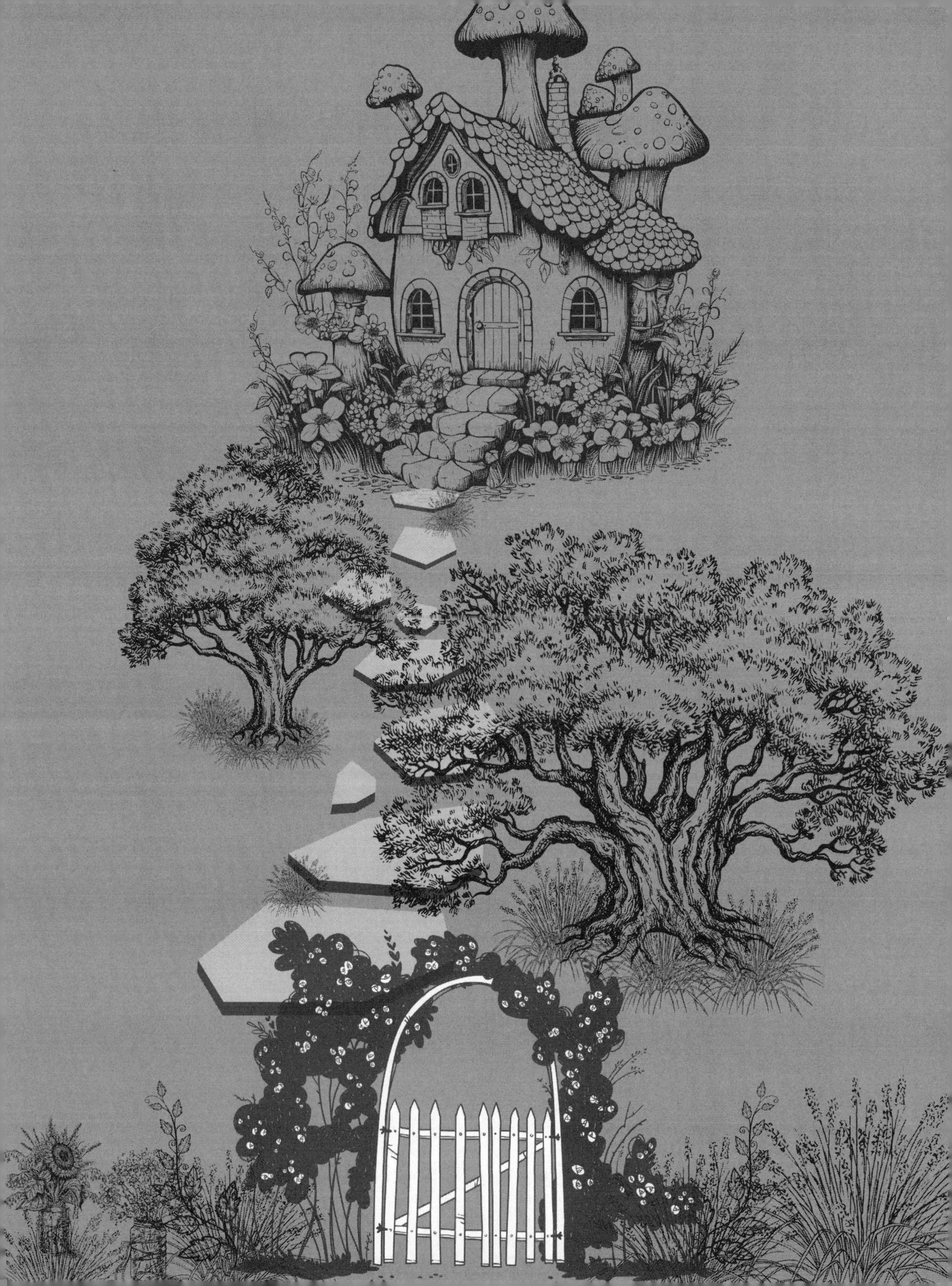

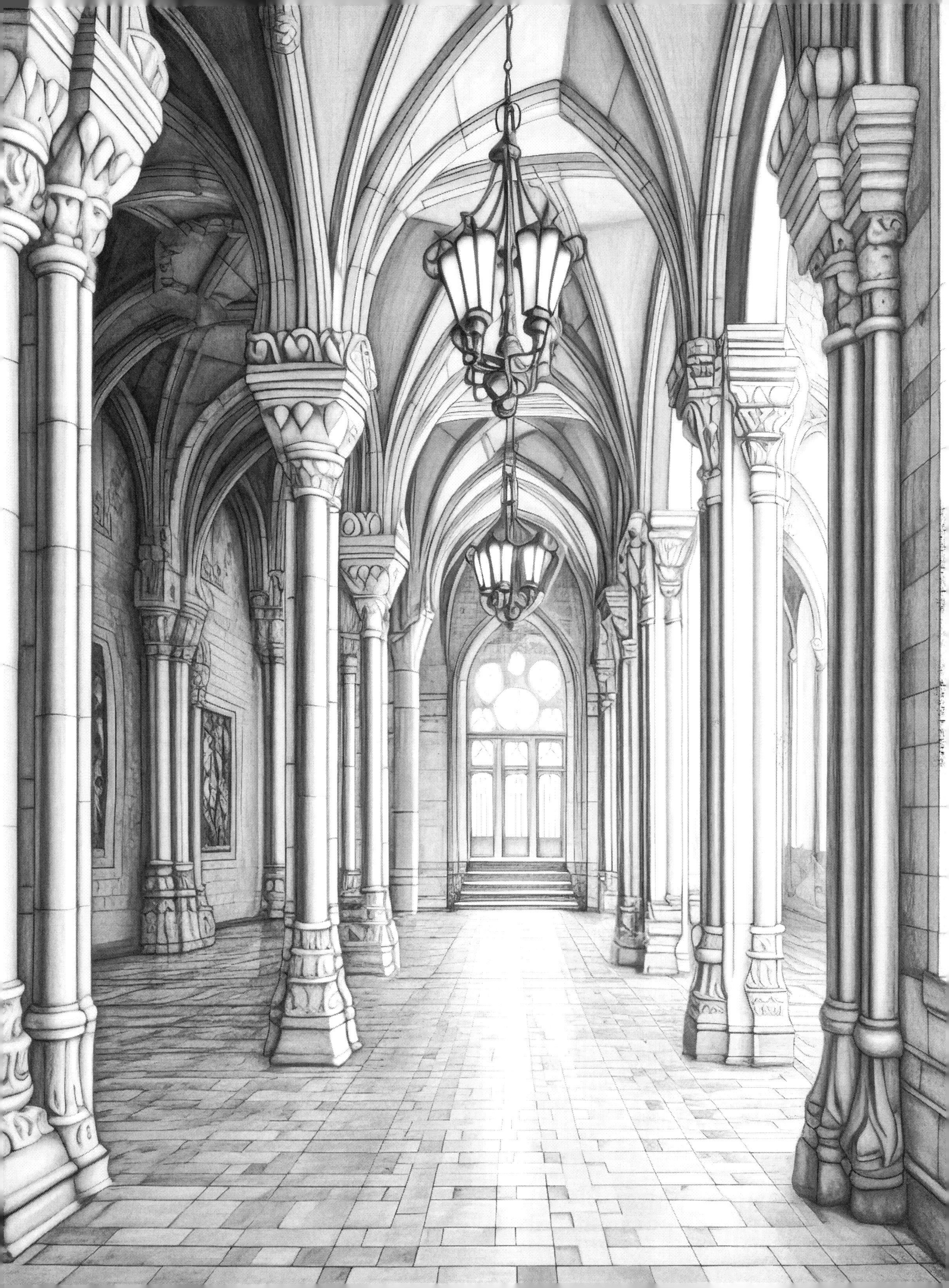

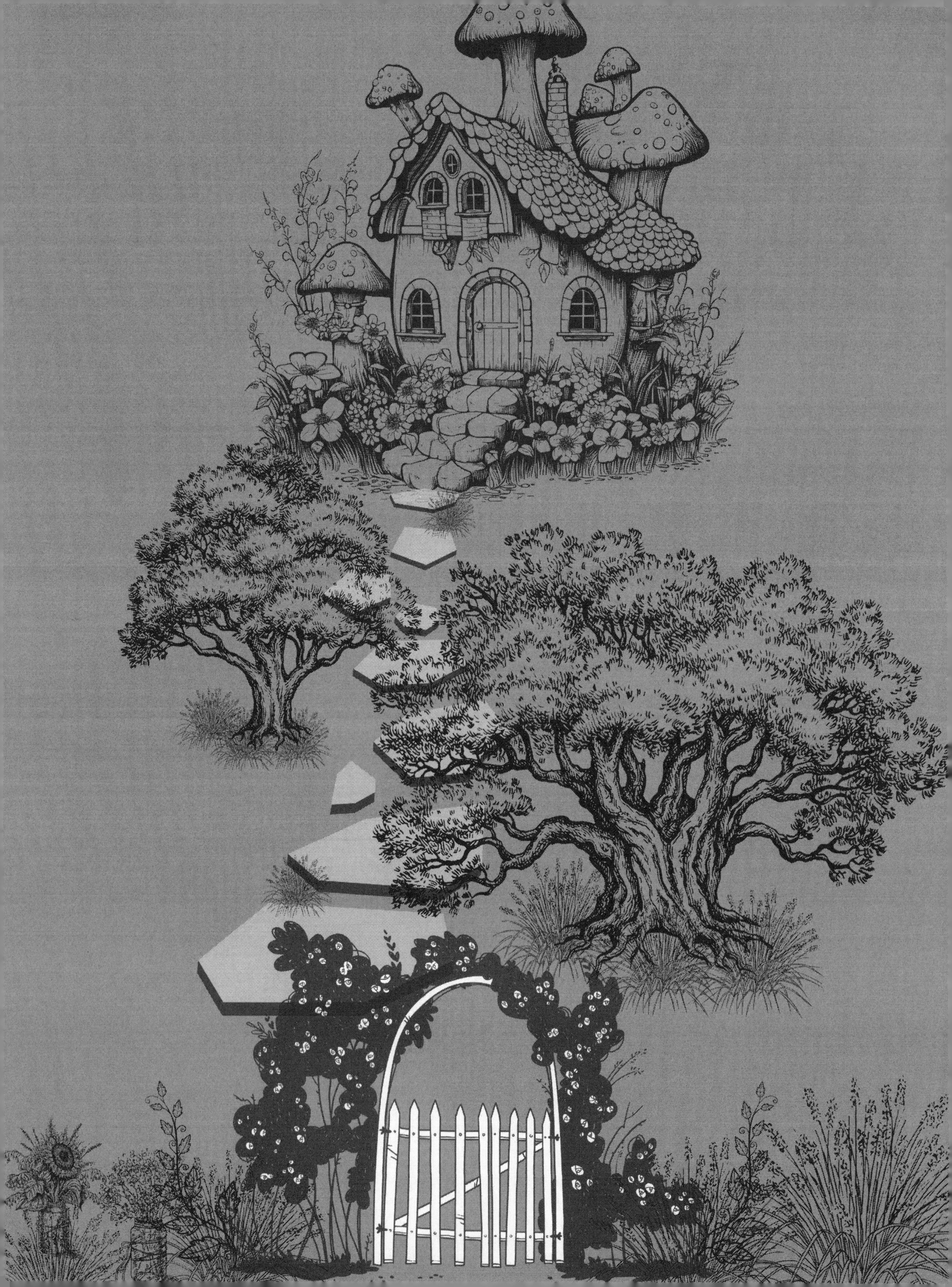

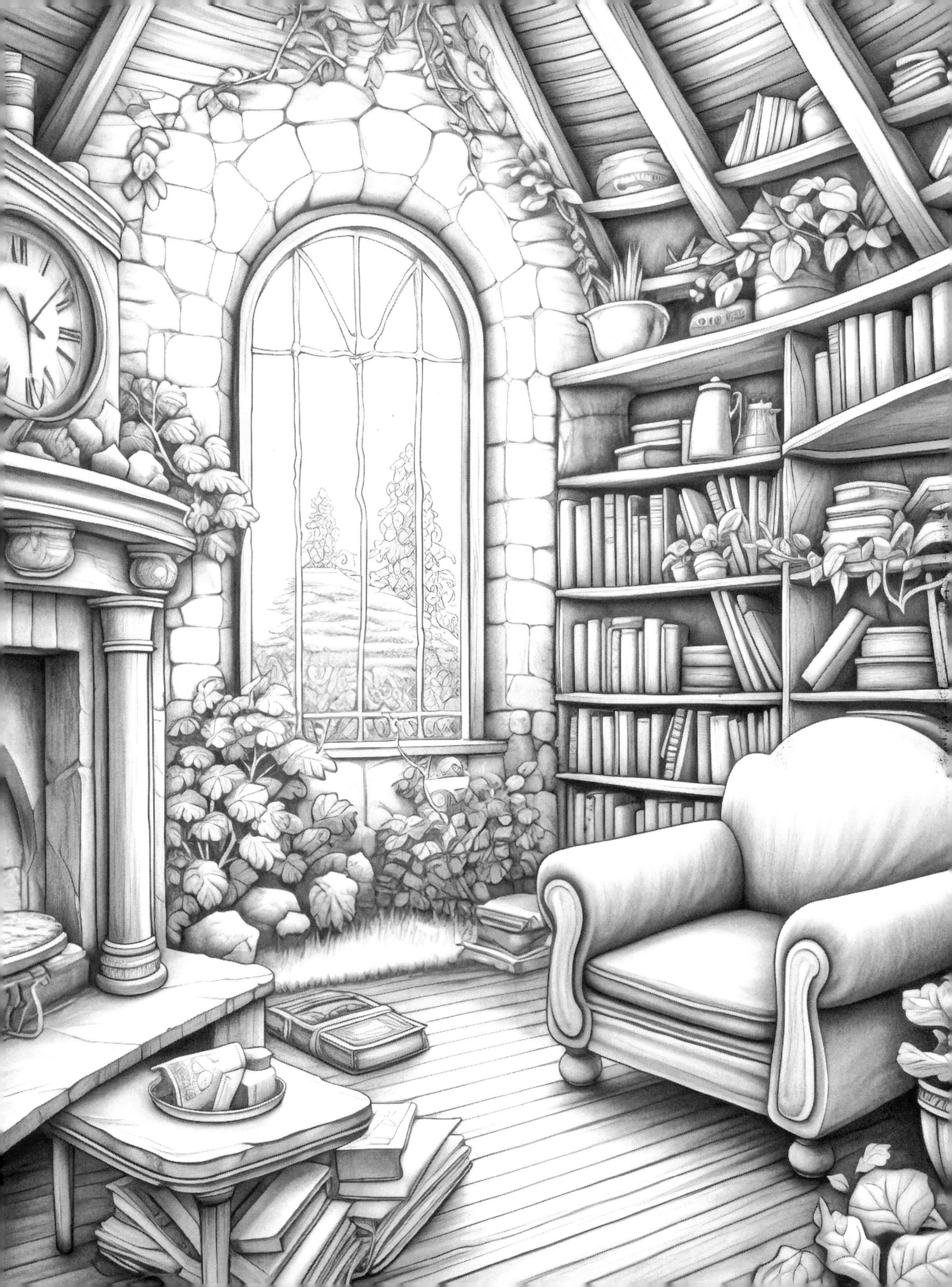

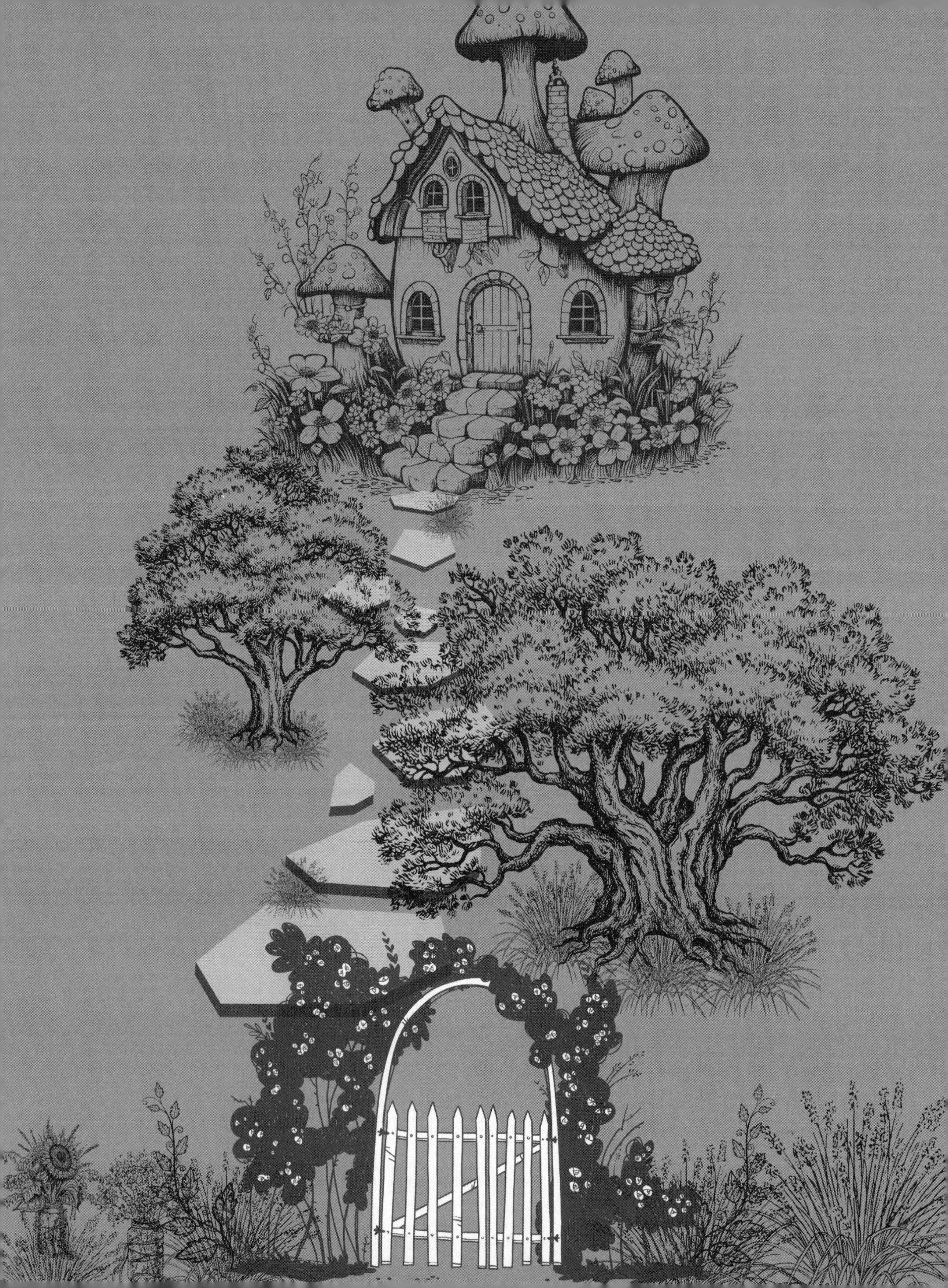

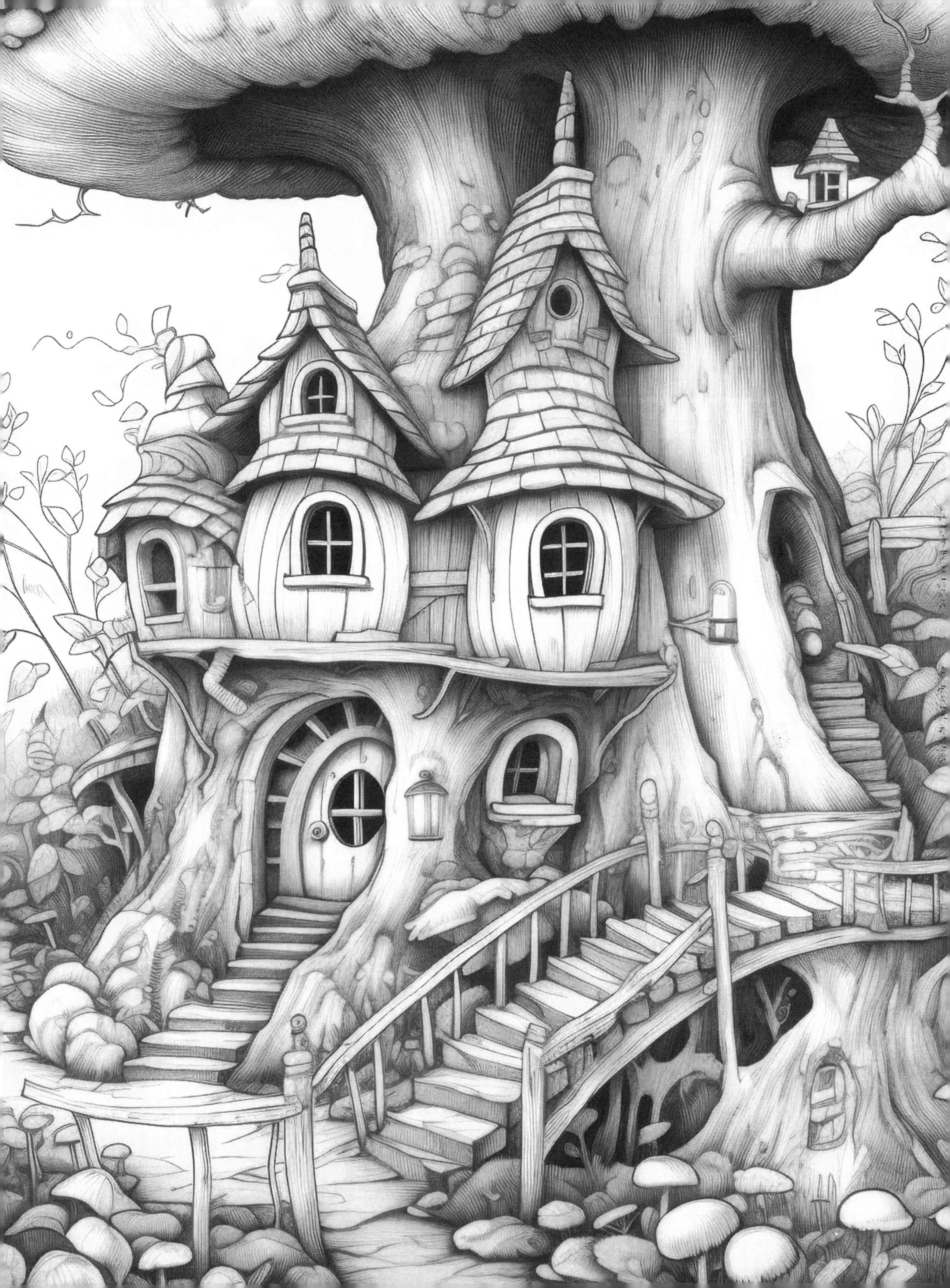

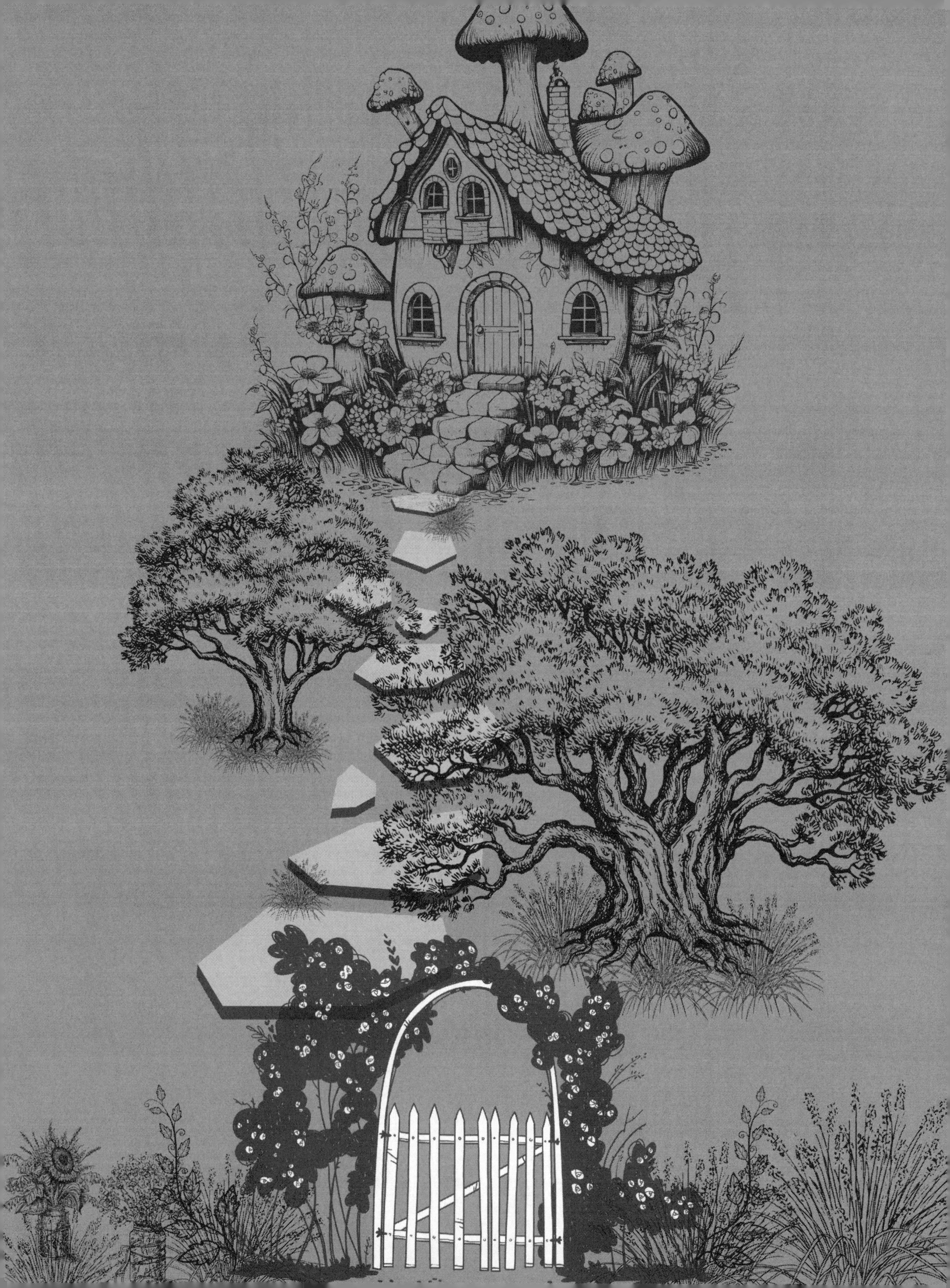

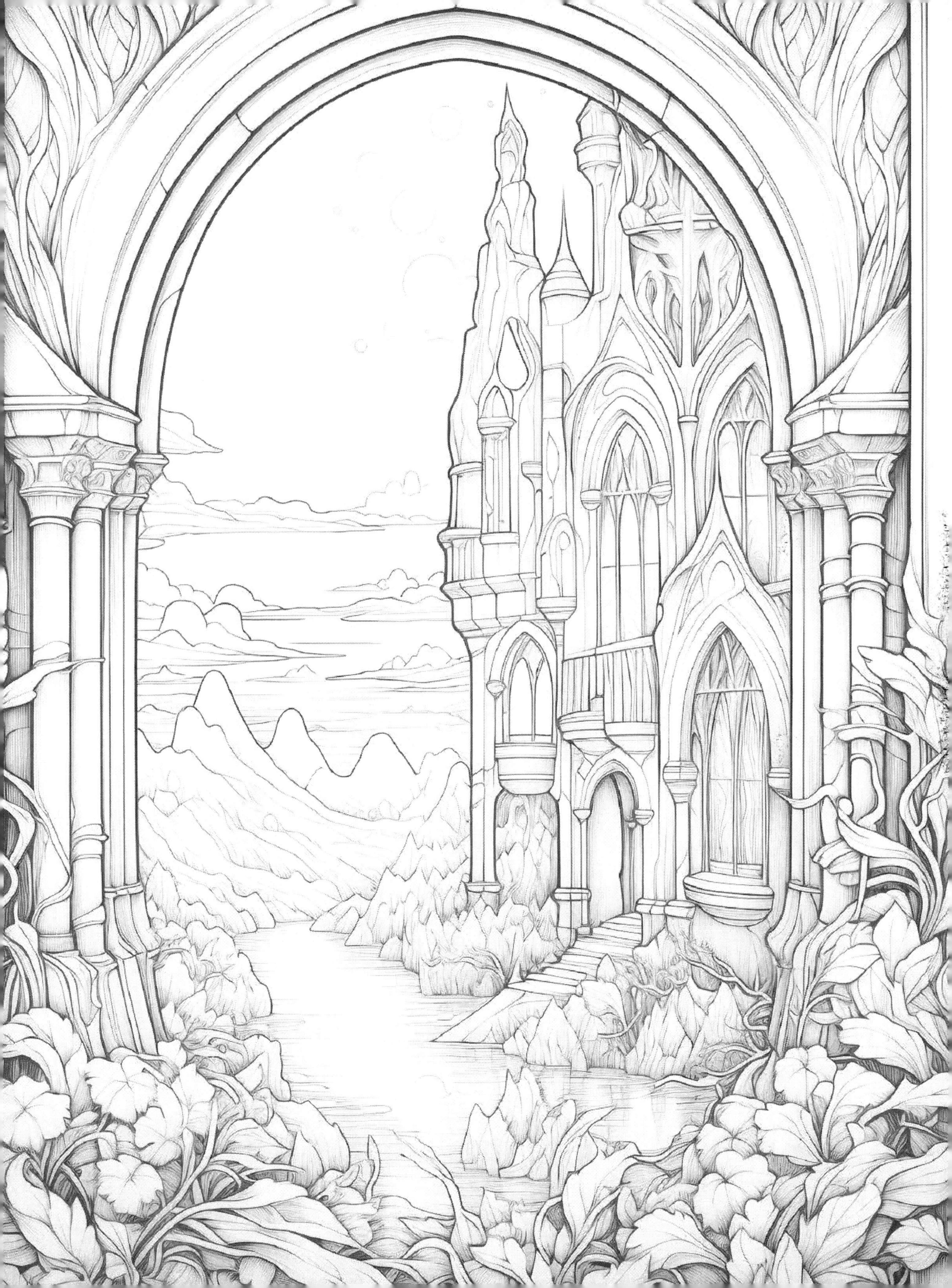

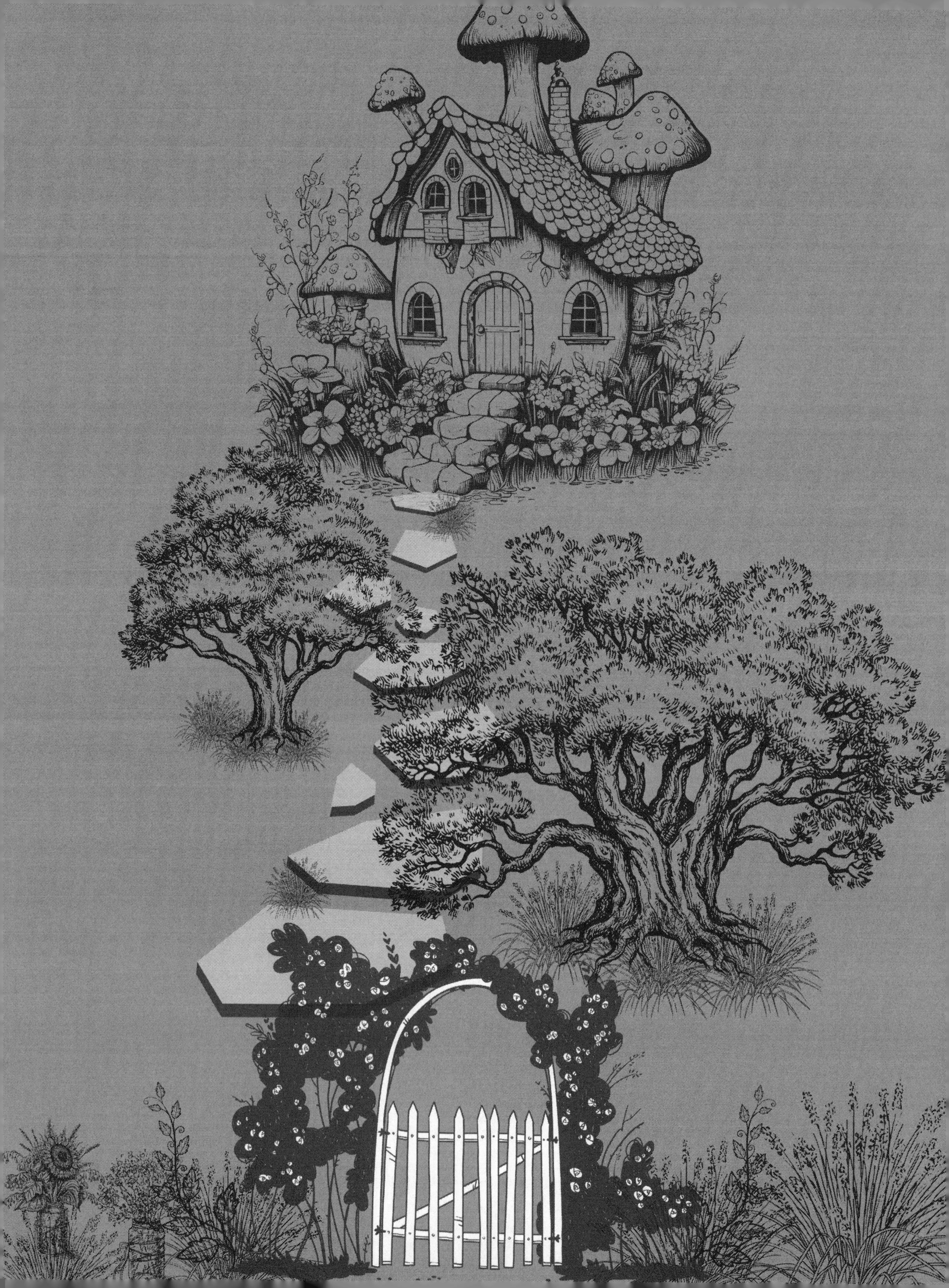

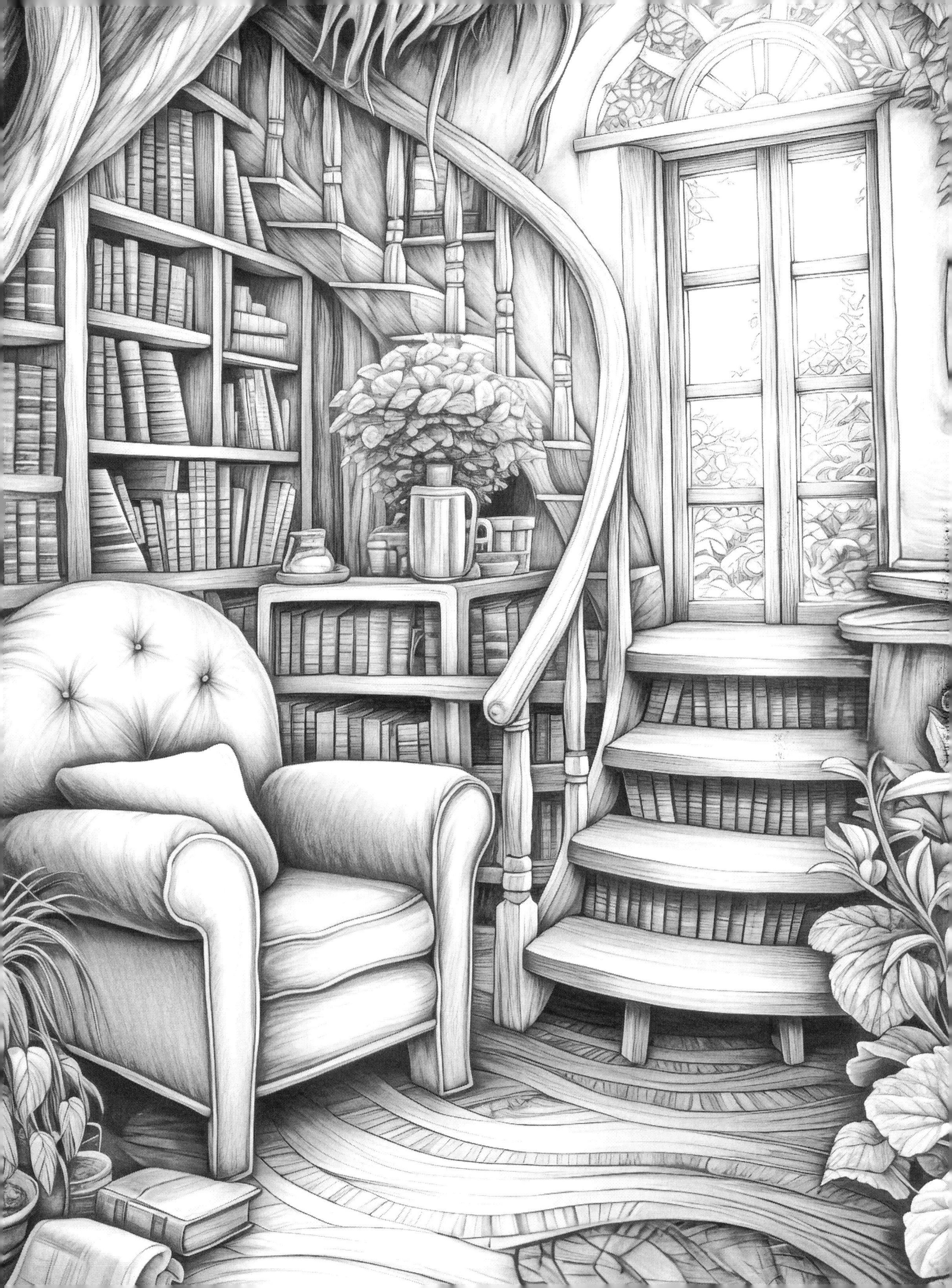

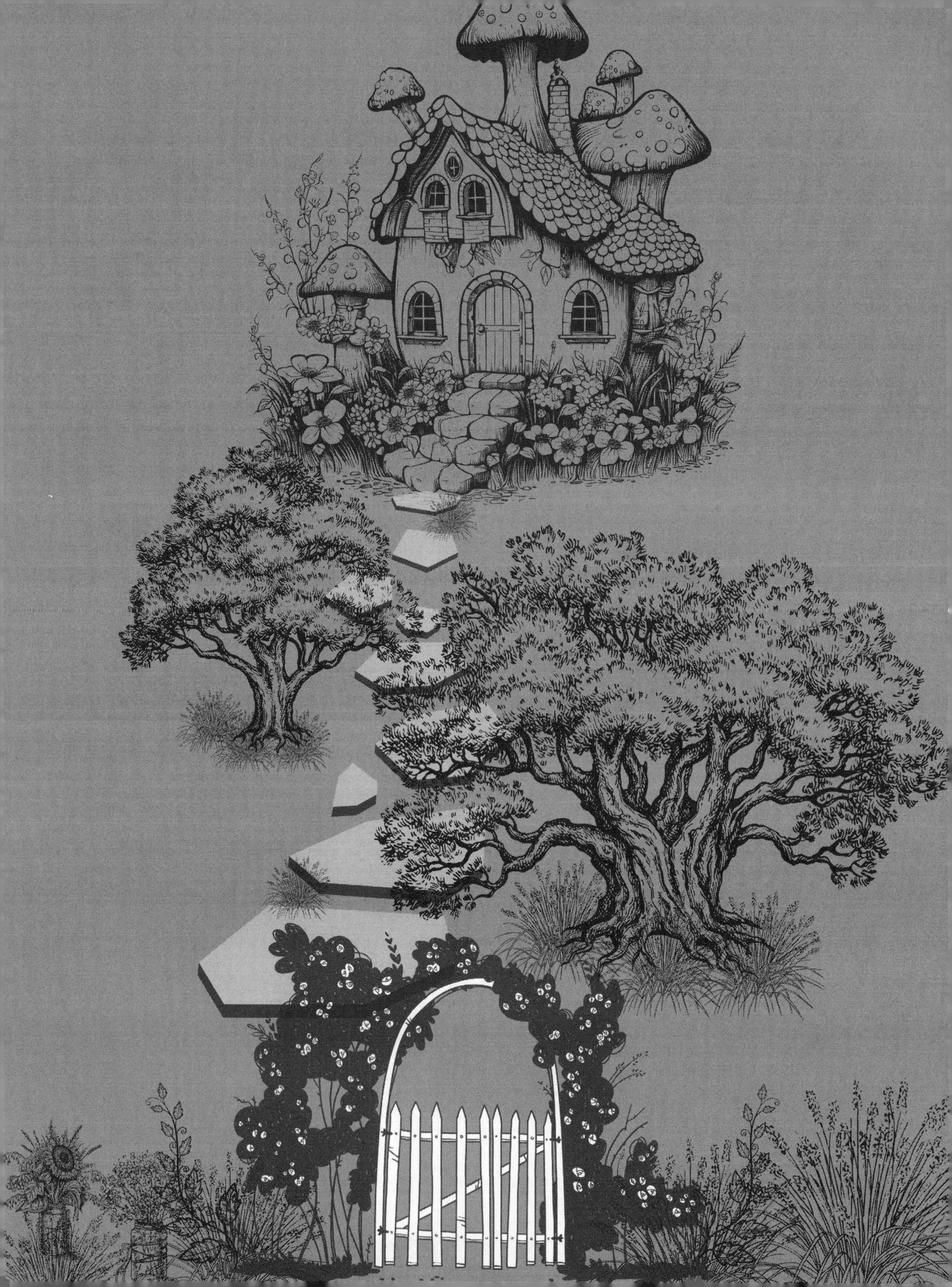

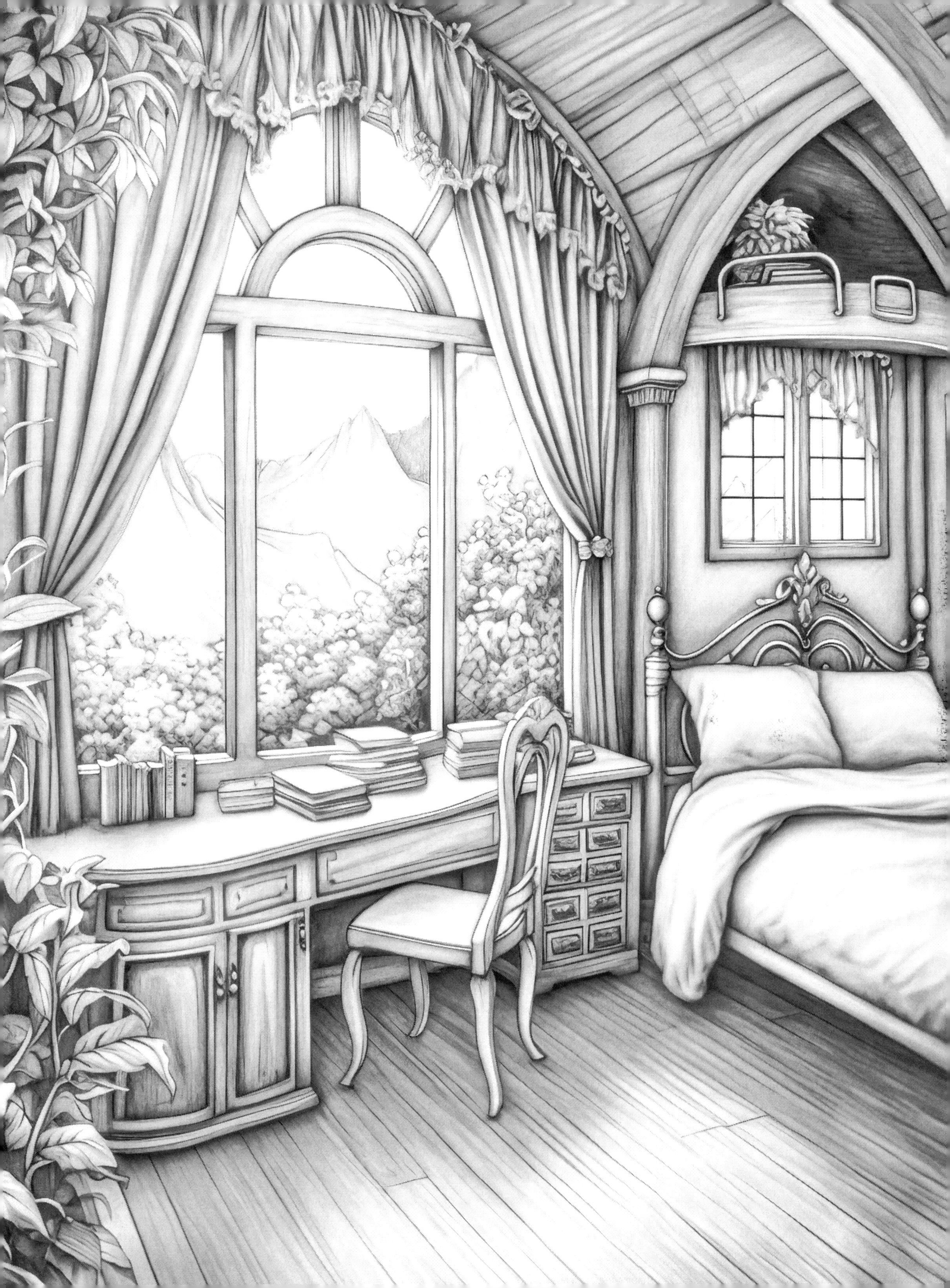

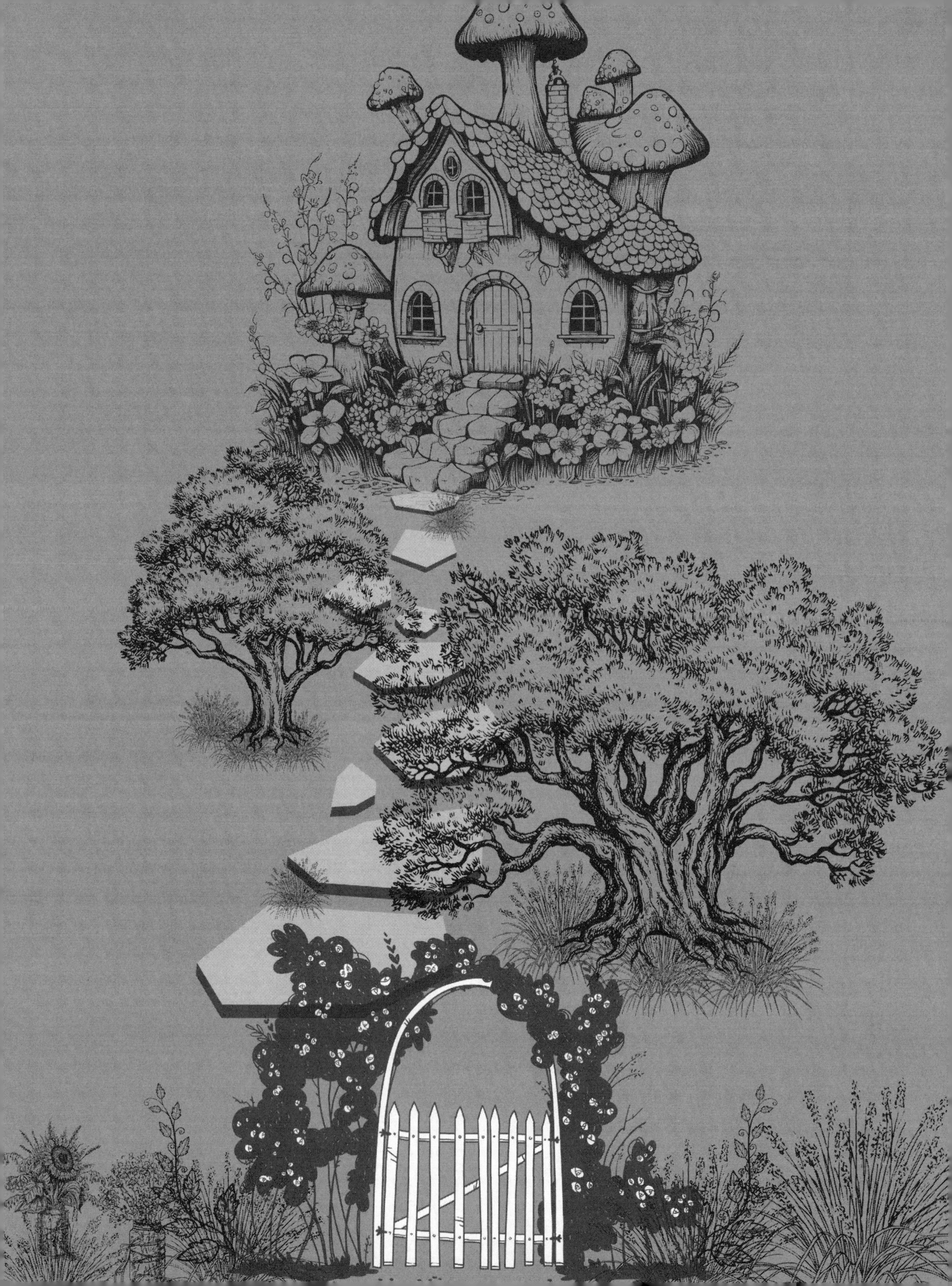

Printed in France by Amazon
Brétigny-sur-Orge, FR